Umsatzsteuerliche Neutralität im B2B-Bereich? Die steuerliche Behandlung von Reiseleistungen

Dana Janke

GRIN

Bibliografische Information der Deutschen Nationalbibliothek:

Die Deutsche Nationalbibliothek verzeichnet diese Publikation in der Deutschen Nationalbibliografie; detaillierte bibliografische Daten sind im Internet über http://dnb.d-nb.de abrufbar.

ISBN: 9783346541239
Dieses Buch ist auch als E-Book erhältlich.

© GRIN Publishing GmbH
Nymphenburger Straße 86
80636 München

Druck und Bindung: Books on Demand GmbH, Norderstedt Germany
Gedruckt auf säurefreiem Papier aus verantwortungsvollen Quellen

Das Buch bei GRIN: https://www.grin.com/document/1149211

Academic Plus – Aktuell, relevant, hochwertig

Mit Academic Plus bietet GRIN ein eigenes Imprint für herausragende Abschlussarbeiten aus verschiedenen Fachbereichen. Alle Titel werden von der GRIN-Redaktion geprüft und ausgewählt.

Unsere Autor:innen greifen in ihren Publikationen aktuelle Themen und Fragestellungen auf, die im Mittelpunkt gesellschaftlicher Diskussionen stehen. Sie liefern fundierte Informationen, präzise Analysen und konkrete Lösungsvorschläge für Wissenschaft und Forschung.

Umsatzsteuerliche Behandlung von Reiseleistungen

MASTERTHESIS

zur Erlangung des Grades Master of Arts (Taxation) der

Hochschule Aalen – Technik und Wirtschaft

vorgelegt von

Dana Daniela Janke

April 2021

Inhaltsverzeichnis

II

Abbildungsverzeichnis

Abkürzungsverzeichnis

Abs.	Absatz
AEUV	Vertrag über die Arbeitsweise der Europäischen Union
Art.	Artikel/-n
Aufl.	Auflage
B2B	Business to Business
B2C	Business to Cosumer
BFH	Bundesfinanzhof
BFHE	Entscheidungen des Bundesfinanzhofs
BMF	Bundesfinanzministerium
BRD	Bundesrepublik Deutschland
BStBl	Bundessteuerblatt
EG	Europäische Gemeinschaft
EU	Europäische Union
EuGH	Europäischer Gerichtshof
EURLUmsG	Richtlinien-Umsetzungsgesetz
EWG	Europäische Wirtschaftsgemeinschaft
f.	folgende
ff.	fort folgende
FG	Finanzgericht
gem.	gemäß
HFR	Höchstrichterliche Finanzrechtsprechung-Zeitschrift
inkl.	inklusive
i.S.	im Sinne
i.V.m.	in Verbindung mit

JStG	Jahressteuergesetz
MwStSystRL	Mehrwertsteuersystemrichtlinie
Nr.	Nummer
o.J.	ohne Jahresangabe
o.V.	ohne Verfasser
Rn.	Randnummer
S.	Seite
s.	siehe
StBW	Steuerberater Woche
StMBG	Missbrauchsbekämpfungs- und Steuerbereinigungsgesetz
TOMS	Tour Operators´ Margin Scheme
u.a.	unter anderem
UR	Umsatzsteuer-Rundschau
UStAE	Umsatzsteueranwendungserlass
UStDV	Umsatzsteuerdurchführungsverordnung
UStG	Umsatzsteuergesetz
Vgl.	vergleiche
z.B.	zum Beispiel
zzgl.	zuzüglich

1. Problemstellung

1.1 Inhalt der Masterthesis

In den Art. 306 ff. MwStSystRL sind die unionsrechtlichen Sonderregelungen für Reisebüros geregelt. Da hier nur die Marge des Reisebüros versteuert werden muss, nennt man diese Sonderregelung Margenbesteuerung. Bis zur Änderung durch das Jahressteuergesetz 2019 hat die deutsche Gesetzgebung die Art. 306-310 der MwStSystRL in § 25 UStG nicht genau umgesetzt. Die Anwendung der Margenbesteuerung für Reiseleistungen wurde nur auf B2C-Leistungen beschränkt, obwohl es eine solche Beschränkung in der MwStSystRL nicht gibt. Umsatzsteuerrechtlich muss besonders bei der Ortsbestimmung bei sonstigen Leistungen nach § 3a UStG zwischen B2C- und B2B-Leistungen unterschieden werden. B2C bedeutet Business to Consumer und steht für Geschäftsbeziehungen zwischen Unternehmern und Privatpersonen.[1] Business to Business (B2B) hingegen beschreibt Leistungsbeziehungen zwischen zwei Unternehmern.[2] Die alleinige Anwendung der B2C-Regelung hatte zur Folge, dass alle Leistungen von Reiseveranstaltern oder auch von Unternehmen, wie z.B. Handelsunternehmen, an andere Unternehmer der Regelbesteuerung unterlagen und für jede in Anspruch genommene Reisevorleistung die Vorsteuer separat abgezogen werden konnte.

Anfang 2018 hat der EuGH in einem Vertragsverletzungsverfahren gegen Deutschland entschieden, dass die Sonderregelung für Reiseleistungen nicht auf Umsätze an den nichtunternehmerischen Bereich beschränkt werden kann.[3] Auch der BFH war bereits im Urteil vom 13.12.2017[4] der Auffassung, dass sich der Unternehmer bei Leistungsbezügen für sein Unternehmen aus einem anderen Mitgliedstaat unmittelbar auf die unionsrechtlichen Bestimmungen über die Sonderregelungen für Reisebüros (Art. 306 ff MwStSystRL) berufen und damit ein nicht steuerbarer Vorgang vorliegen kann.

---

[1] Vgl. o.V. (B2C, 2019): Business-to-Consumer (B2C), https://www.businessinsider.de/gruenderszene/lexikon/begriffe/business-to-consumer-b2c/, Zugriffsdatum: 31.01.2021.
[2] Vgl. o.V. (B2B): Definition: B2B, https://bwl-wissen.net/definition/b2b, Zugriffsdatum: 31.01.2021.
[3] Vgl. EuGH vom 08.02.2018, C-380/16, (Kommission/Deutschland).
[4] Vgl. BFH vom 13.12.2017, XI R 4/16, BStBl. II 2020, S. 823.

Durch das Jahressteuergesetz 2019[5] erfolgte daher die Anpassung des § 25 UStG an die unionsrechtlichen Vorschriften. So wurde aus § 25 Abs. 1 S. 1 UStG ein Passus gestrichen und § 25 Abs. 3 S. 3 UStG komplett entfernt. Seit dem 18.12.2019 besteht für Unternehmer, die Reiseleistungen im eigenen Namen erbringen und dafür Reisevorleistungen bezogen haben, kein Wahlrecht bezüglich der Regel- und Margenbesteuerung mehr und es ist zwingend die Margenbesteuerung anzuwenden. Dies gilt somit nicht nur für Leistungen an Privatpersonen, sondern auch für solche, die an das Unternehmen des Leistungsempfängers erbracht werden.

Der leistende Unternehmer durfte bisher die Bemessungsgrundlage durch Gruppen- oder Gesamtmargen ermitteln. Ab dem 31.12.2021 kann er die Vereinfachungsregelung jedoch nicht mehr anwenden und muss die Bemessungsgrundlage für jede einzelne Leistung bestimmen. In der Mehrwertsteuersystemrichtlinie fehlt die Grundlage zur Ermittlung der Marge. Die Änderung von der Gesamtmarge oder Gruppenmarge zur Einzelmargenermittlung erfordert einen erhöhten Ermittlungsaufwand. Die Berechnung der Bemessungsgrundlage für die Reiseleistung ist im Zeitpunkt der Entstehung oft nicht möglich, da die Kosten der Reisevorleistungen noch nicht feststehen. Schon im Umsatzsteueranwendungserlass (zuletzt geändert durch BMF-Schreiben vom 07.05.2020, BStBl. I 2020, 530)[6] steht, dass man deswegen die Bemessungsgrundlage schätzen solle.[7] Jedoch ist es, auch vor dem Hintergrund von Rahmenverträgen mit Hotelkontingenten fraglich, ob die Ermittlung der Einzelmargen tatsächlich zu einem genaueren Ergebnis führt und damit der administrative Mehraufwand gerechtfertigt ist.

Die umsatzsteuerlichen Besonderheiten bestehen hierbei vor allem im Bereich des Vorsteuerabzugs, denn durch den fehlenden Vorsteuerabzug der Reisevorleistungen ergibt sich eine Kostensteigerung. Hierbei wird geprüft, ob das Konzept der umsatzsteuerlichen Neutralität durch die Anwendung auf den B2B-Bereich ab dem 18.12.2019 weiterhin gewahrt ist. Im Rahmen dieser Thesis sollen daher die Voraussetzungen der umsatzsteuerlichen Neuregelung für Reiseleistungen dargelegt und die Auswirkungen auch anhand von Beispielen dargestellt werden.

---

[5] Vgl. Bundesgesetzblatt Jahrgang 2019 Teil I Nr. 48, ausgegeben zu Bonn am 17.12.2019.
[6] Der Umsatzsteueranwendungserlass ist zum Zeitpunkt der Erstellung der Masterthesis noch nicht an die Änderung der Einzelmargenermittlung angepasst.
[7] Vgl. Abschnitt 25.3 Abs. 7 UStAE.

1.2 Aufbau der Masterthesis

Die Masterarbeit ist in neun Kapitel aufgeteilt. Der erste Abschnitt dient zur Einleitung und beinhaltet die sich durch die Anwendung der Sonderregelung ergebenden Probleme. Im zweiten Teil der Thesis wird die historische Entwicklung der entsprechenden Artikel der Mehrwertsteuersystemrichtlinie und des § 25 UStG dargelegt. Die Grundsätze der Sonderregelungen für Reisebüros der Mehrwertsteuersystemrichtlinie werden in Kapitel 3 erläutert. Hierbei wird auch kurz dargelegt, welche Bedeutung die Mehrwertsteuersystemrichtlinie für die einzelnen Mitgliedstaaten hat. Anschließend wird das EuGH-Urteil vom 08.02.2018[8] im Vertragsverletzungsverfahren gegen Deutschland vorgestellt und gewürdigt.

Der fünfte Teil stellt den Hauptteil der Arbeit dar und befasst sich mit der Anwendung des § 25 UStG. Hier wird die allgemeine Bedeutung des § 25 UStG aufgezeigt und die verschiedenen Begrifflichkeiten definiert. Die Änderungen zum 18.12.2019 und 01.01.2021 werden mit dem bisherigen Rechtsstand verglichen und kritisch betrachtet. Die Auswirkung der Gesetzesänderung zum 18.12.2019 wird anhand eines Beispiels für das Kettengeschäft dargelegt.

Mögliche Anwendungsfälle im B2B-Bereich und die Möglichkeiten zur Vermeidung der Kostensteigerung durch den fehlenden Vorsteuerabzug eines Unternehmers werden im siebten Teil erörtert. Hier werden die Vor- und Nachteile aufgeführt, welche jede der verschiedenen Vorgehensweisen mit sich bringen. Im achten Kapitel sollen die Besonderheiten von Reiseleistungen, wie Anzahlungen oder Fälle in denen der Leistungsempfänger die Steuer nach § 13b UStG schuldet, aufgeführt werden. Die Masterthesis endet mit einer abschließenden Betrachtung und einer kurzen Darstellung der Änderung des Umsatzsteueranwendungserlasses und des EuGH-Urteils vom 27.01.2021.[9]

2. Gesetzesänderungen

Seit der Neufassung des Umsatzsteuergesetzes mit Wirkung vom 01.01.1980 durch das UStG 1980 vom 26.11.1979[10] beinhaltet dieses auch die Sonderregelungen für die Besteuerung von

---

[8] Vgl. EuGH vom 08.02.2018, C-380/16, (Kommission/Deutschland).
[9] Vgl. EuGH vom 27.01.2021, C-787/19 (Kommission/Österreich).
[10] Vgl. Bundesgesetzblatt I 1997, S. 1953.

Reiseleistungen in § 25 UStG. Anschließend wurde es bis zur heute gültigen Fassung sieben Mal geändert. Durch das USt-Binnenmarktgesetz vom 25.08.1992[11] und das Gesetz zur Bekämpfung des Missbrauchs und zur Bereinigung des Steuerrechts (Missbrauchsbekämpfungs- und Steuerbereinigungsgesetz - StMBG) vom 21.12.1993 wurden lediglich redaktionelle Änderungen vorgenommen. So wurde beispielsweise in § 25 Abs. 2 Nr. 1 UStG „außerhalb des Gebietes der Europäischen Wirtschaftsgemeinschaften" durch „im Drittlandsgebiet" ersetzt. Durch das StMBG wurde in Abs. 2 Satz 3 „der Bundesminister" durch „das Bundesministerium" ausgewechselt.

Die erste entscheidende Änderung der Sonderregelung des § 25 UStG erfolgte durch das Gesetz zur Verbesserung der steuerlichen Bedingungen zur Sicherung des Wirtschaftsstandorts Deutschland im Europäischen Binnenmarkt[12] vom 13.09.1993 mit Wirkung vom 01.11.1993. Neu konzipiert wurde dabei die Steuerfreiheit gem. § 25 Abs. 2 UStG. Reiseleistungen, die im Zusammenhang mit Reisen stehen, die nach dem 31.10.1993 beendet wurden, sind nur steuerfrei, wenn die Reisevorleistung im Drittland erbracht wird. Als Drittlandsgebiet wird nach § 1 Abs. 2a Satz 3 UStG das Gebiet bezeichnet, welches nicht zum Gemeinschaftsgebiet zählt. Zum Gemeinschaftsgebiet zählen gem. § 1 Abs. 2a Satz 1 UStG die Staaten der Europäischen Union Zwar sollte die Steuerbefreiung auf Beförderungen mit Luftfahrzeugen und Seeschiffen i.S. der § 25 Abs. 2 Nr. 2, Nr. 3 und Satz 2 UStG Vereinfachungen darstellen, jedoch wurde die Änderung durch das EuGH-Urteil vom 27.10.1992[13] komplexer. Denn die damalige EG-Kommission hat festgestellt, dass die Umsatzsteuerbefreiung mit Art. 26 Abs. 3 der 6. EG-Richtlinie zur Harmonisierung der Umsatzsteuern nicht vereinbar sei. Aufgrund dessen hat die EG-Kommission Klage beim EuGH gegen die Bundesrepublik Deutschland erhoben. Der EuGH kam auch zu dem Ergebnis, dass die Steuerbefreiung nach § 25 Abs. 2 Nr. 2 und Nr. 3 UStG nicht mit dem genannten Artikel vereinbar ist und Deutschland somit gegen die Verpflichtungen aus dem Gemeinschaftsrecht, dem EWG-Vertrag von 1957[14], verstoßen hat. Das Urteil erging am 27.10.1992[15] und Deutschland war gem. Art. 171 EWG-Vertrag dazu verpflichtet dem Urteil

---

[11] Vgl. USt-Binnenmarktgesetz vom 25.08.1992, BGBl I 1992, S. 1548.
[12] Vgl. Standortsicherungs-Gesetz, BGBl I 1993, S. 1569.
[13] Vgl. EuGH vom 27.10.1992, C-74/91, (Kommission/Deutschland).
[14] Vgl. Vertrag von Rom, EWG-Vertrag von 1957, https://eur-lex.europa.eu/legal-content/DE/TXT/?uri=LE-GISSUM:xy0023, Zugriffsdatum: 13.03.2021.
[15] Vgl. EuGH vom 27.10.1992, C-74/91, (Kommission/Deutschland).

zu folgen und die festgestellte Vertragsverletzung zu beheben. Festgestellt wurde, dass die Steuerbefreiung nicht auf grenzüberschreitende Beförderungen mit Luftfahrzeugen oder Seeschiffen oder auf solche Beförderungen im Außengebiet anzuwenden sei. Einzig die Tatsachen der Bewirkung der Reiseleistung im Drittland und der Zusammenhang zwischen sonstiger Leistung und Reisevorleistung müssen gegeben sein. Deshalb wurden § 25 Abs. 2 Nr. 2 und Nr. 3 UStG gestrichen.

Mit Wirkung vom 16.12.2004 wurde durch das Gesetz zur Umsetzung von EU-Richtlinien in nationales Steuerrecht und zur Änderung weiterer Vorschriften (Richtlinien-Umsetzungsgesetz EURLUmsG) § 25 Abs. 4 S. 1 UStG dahingehend geändert, dass das Vorsteuerabzugsverbot auch für die nach § 13b geschuldete Umsatzsteuer greift. Auch dies hatte den Hintergrund die Besteuerung der Reiseleistungen sicher zu stellen.

Aufgrund Art. 11 Nr. 9 Buchstaben a und b sowie Art. 39 Abs. 1 des Gesetzes zur weiteren steuerlichen Förderung der Elektromobilität und zur Änderung weiterer steuerlicher Vorschriften vom 12.12.2019[16], welches als Jahressteuergesetz 2019 bezeichnet wird, wurden § 25 Abs.1 S. 1 UStG zum 18.12.2019 und Abs. 3 S. 3 UStG, für Umsätze die nach dem 31.12.2021 ausgeführt werden, geändert. Auslöser für diese Änderung war das EuGH-Urteil vom 08.02.2018[17]. Der Verstoß gegen das Unionsrecht und das damit verbundene Verfahren beim EuGH werden in Kapitel vier näher erläutert.

3. Unionsrechtliche Grundlagen

In den 414 Artikeln der Mehrwertsteuersystemrichtlinie sind die Vorgaben der EU zur Ausgestaltung der nationalen Umsatzsteuergesetze der einzelnen Mitgliedsstaaten der EU normiert.[18] Ziel der Harmonisierung soll durch die Gestaltung und der gemeinschaftskonformen Auslegung

---

[16] Vgl. Gesetzes zur weiteren steuerlichen Förderung der Elektromobilität und zur Änderung weiterer steuerlicher Vorschriften vom 12.12.2019, BGBl I 19, S. 2451.
[17] Vgl. EuGH vom 08.02.2018, C-380/16, (Kommission/Deutschland).
[18] Vgl. Art. 414 MwStSystRL.

der einzelnen Artikel zu einer Verbesserung des Binnenmarkts sein.[19] So richtet sich die Besteuerung der Umsätze von Reisebüros nach den Sonderregelungen in Abschnitt 12 unter Kapitel 3 der Mehrwertsteuersystemrichtlinie nach den Art. 306-310.

Die besondere Besteuerungsform der Mehrwertsteuer ist gem. Art. 306 MwStSystRL anwendbar, wenn das Reisebüro in eigenem Namen auftritt und Leistungen anderer Steuerpflichtiger in Anspruch genommen hat. Hierbei gelten Reiseveranstalter als Reisebüro, nicht anwendbar ist die Vorschrift jedoch in Bezug auf Vermittlungstätigkeiten. Da Reisebüros ihre Leistungen an den Reisenden oft gebündelt in Paketen als sogenannte Pauschalreisen anbieten, wurde in Art. 307 MwStSystRL eine Vereinfachungsregelung getroffen. Diese besteht darin, dass die einzelnen Leistungen als eine einheitliche Dienstleistung anzusehen sind.[20] Der Ort der einheitlichen Reiseleistung bestimmt sich nach dem Sitz des Reisebüros, von welchem es seiner wirtschaftlichen Tätigkeit nachgeht. Fehlt ein solcher Sitz, ist Ort der Leistung die feste Niederlassung oder Betriebsstätte von der aus die Leistung erbracht wird.[21] Als Mehrwertsteuerbemessungsgrundlage wird nicht der Umsatz, sondern die Marge des Reisebüros herangezogen. Die Marge ist die Differenz zwischen dem vom Reisenden zu zahlenden Gesamtbetrag ohne Umsatz-/ Mehrwertsteuer und den tatsächlichen Kosten aus den Reisevorleistungen des Reisebüros, wenn und soweit sie unmittelbar dem Reisenden zuzurechnen sind.

Für in Anspruch genommene Dienstleistungen anderer Steuerpflichtiger, welche im Ausland ausgeführt werden, greift die Steuerbefreiung des Art. 309 MwStSystRL. Denn diese Leistung wird dann der steuerfreien Leistung eines Vermittlers i.S. des Art. 153 MwStSystRL gleichgestellt. Die Steuerbefreiung ist jedoch nicht uneingeschränkt anwendbar. Werden Umsätze teils innerhalb der Gemeinschaft und teils außerhalb der Gemeinschaft ausgeführt, sind diese gem. Art. 309 MwStSystRL aufzuteilen und nur der außerhalb liegende Teil ist steuerbefreit. Unter Gemeinschaft ist i.S. des § 1 Abs. 2a UStG das Inland und die übrigen Mitgliedstaaten der Europäischen Union zu verstehen. Die gezahlte Mehrwertsteuer an andere Steuerpflichtigen, von denen die Dienstleistungen in Anspruch genommen werden, ist in keinem Mitgliedstaat

---

[19] Vgl. o.V., Mehrwertsteuersystemrichtlinie, https://wirtschaftslexikon.gabler.de/definition/mehrwertsteuersystemrichtlinie-51572/version-274733, Zugriffsdatum: 06.05.2020.
[20] Vgl. Nieskens, in: Rau/Dürrwächter, UStG, 2020, § 1 UStG, ABC-Einheitlichkeit der Leistung „Pauschalreise".
[21] Vgl. Art. 307 MwStSystRL.

abziehbar oder erstattungsfähig. Es besteht also gem. Art. 310 MwStSystRL ein Vorsteuerabzugsverbot für das Reisebüro.

Im Bereich der Besteuerung von Reiseleistungen wurde durch die Mehrwertsteuersystemrichtlinie keine Harmonisierung erreicht, da nicht alle EU-Mitgliedstaaten diese Regelungen in ihr nationales Recht umgesetzt haben.[22] Gemäß Art. 371 MwStSystRL i.V.m. Anhang X, Teil B Nr. 13 dürfen Staaten, die bereits am 01.01.1978 Mitglied der EU waren, Dienstleistungen von Reisebüros i.S. des Art. 306 weiterhin von der Steuer befreien. Hierdurch ergeben sich Wettbewerbsstörungen.[23]

Für Reiseleistungen, die von einem Reiseunternehmer an einen Unternehmer für dessen Unternehmen vor dem 18.12.2019 erbracht wurden, konnte sich der leistende Unternehmer auf die Bestimmungen nach Art. 306 ff. MwStSystRL berufen. Genauso konnte sich der Unternehmer, welcher Reiseleistungen von einem im übrigen Gemeinschaftsgebiet ansässigen Unternehmer für sein Unternehmen bezogen hat, ebenfalls auf die Sonderregelungen der Art. 306 ff. MwStSystRL zurückgreifen.[24] Dies ist durch den Anwendungsvorrang des Unionsrecht vor dem nationalen Recht der einzelnen Mitgliedstaaten möglich. Die unmittelbare Anwendung der Unionsrechtsnorm ist nur relevant, wenn die Rechtsfolge für denselben Sachverhalt widersprüchlich zu der des nationalen Rechts ist.

4. Vertragsverletzungsverfahren gegen die Bundesrepublik (EuGH, Urt. v. 08.02.2018 – C-380/16)

4.1 Gründe

Mögliche Verstöße gegen das Europäische Recht stellt die Europäische Kommission infolge eigener Analysen, oder aufgrund Beschwerden von Bürgerinnen und Bürgern, Unternehmen oder Interessensträgern fest. Liegt aus der Sicht der Kommission eine Zuwiderhandlung vor,

---

[22] Vgl. Püschner, in: Reiß/Kraeuser/Langer, UStG, 2019, § 25 UStG Rn. 27.
[23] Vgl. hierzu Kapitel 4.2 der Masterthesis.
[24] Vgl. EuGH vom 13.12.2017, X I R 4/16, BStBl. II 2020, S. 823.

hat sie gem. Art 258 AEUV ein Aufforderungsschreiben an den betreffenden Mitgliedsstaat zu richten.

Im Vertragsverletzungsverfahren gegen Deutschland[25] hat die Kommission einen Verstoß gegen das EU-Recht festgestellt. Sie ist der Ansicht, dass Deutschland die geltenden Artikel der Richtlinie 2006/112/EG des Rates vom 28. November 2006 über das gemeinsame Mehrwertsteuersystem im nationalen Umsatzsteuergesetz nicht korrekt umgesetzt hat und folglich falsch anwendet. Dies hat die Kommission mit einem Schreiben vom 28. Februar 2012 Deutschland mitgeteilt. Deutschland hat innerhalb der regulären zwei Monatsfrist[26] am 24. April 2012 geantwortet. Nach dem Urteil des EuGH vom 26. September 2013[27] wurde am 11. Juli 2014 ein ergänzendes Aufforderungsschreiben der Bundesrepublik Deutschland zugesandt. Der Zusammenhang zwischen dem Urteil gegen Spanien ist durch die Themengleichheit der Verfahren gegeben. Die Kommission hat Spanien, im Vertragsverletzungsverfahren gegen diese, die Fehler der spanischen Besteuerung von Reiseleistungen aufgezeigt, worauf der EuGH anschließend Stellung genommen hat. Da die Kommission nach dem Antwortschreiben von Deutschland mit Datum vom 10.09.2015 feststellen musste, dass die BRD ihrer Verpflichtung zur Umsetzung des EU-Rechts weiterhin nicht nachgekommen ist, hat diese am 25.09.2015 eine Stellungnahme verfasst. Deutschland zeigte mit Schreiben vom 10.11.2015 auf, dass sie der Meinung sind, dass Deutschland nicht gegen die Verpflichtungen verstoßen habe, woraufhin die Kommission Klage beim Gerichtshof erhoben hat.

Die Kommission hat zwei Punkte der deutschen Sonderregelung für Reiseleistungen in § 25 UStG beanstandet. Zum einen die in § 25 Abs. 1 UStG normierte Begrenzung der Reiseleistungen auf den Bereich der Reisendenmaxime[28], aufgrund dessen nur ein Nichtunternehmer Leistungsempfänger sein kann. Dies entspricht nicht der Maßgabe des Art. 306 der Mehrwertsteuererrichtline, welcher eine Einschränkung dieser Art nicht vorsieht.[29] Hier beruft sich die Kommission auch auf etliche Urteile vom 26. September 2013, worunter auch das bereits genannte Urteil des EuGH Kommission/Spanien fällt. Zum anderen rügte es in § 25 Abs. 3 Satz

---

[25] Vgl. EuGH vom 08.02.2019, C-380/16, (Kommission/Deutschland).
[26] Vgl. o.V. , Europäische Kommission: Vertragsverletzungsverfahren, https://ec.europa.eu/info/law/law-making-process/applying-eu-law/infringement-procedure_de, Zugriffsdatum: 12.11.2020.
[27] Vgl. EuGH vom 26.09.2013, C-189/11, (Kommission/Spanien).
[28] Vgl. EuGH vom 08.02.2018, C-380/16, (Kommission/Deutschland), Rn. 18.
[29] Vgl. Hartmann, (Aktuelle EuGH-Rechtspechung), DStR 2019, S. 599.

3 UStG die Anwendung der Gruppen- und Gesamtmarge zur Ermittlung der Bemessungsgrundlage. Zwar wird in den Sonderregelungen für Reisebüros in Art. 308 MwStSystRL keine Aussage zur genauen Margenermittlung der Leistungen getroffen, jedoch greift hier der Grundsatz der Individualbesteuerung des Art. 73 MwStSystRL. Unter den Grundsatz der Individualbesteuerung fallen vor allem einkommensteuerliche Sachverhalte.[30] Er ist aber ebenfalls analog in der Umsatzsteuer anzuwenden.[31] So wird für jede einzelne Leistung entschieden, welche Vorschriften aufgrund der Erfüllung der Voraussetzungen angewendet werden müssen. Dies bedeutet eben nicht, dass für jede Art von Umsatz eine pauschale Besteuerung erfolgt.

4.2   Erste Rüge, § 25 Abs. 1 UStG

Die erste Rüge beinhaltet das Problem der Begrenzung der Sonderregelung im Umsatzsteuerrecht auf den B2C-Bereich. Denn auch aufgrund der EuGH-Urteile vom 26. September 2013[32] sei die Anwendung der Art. 306-310 MwStSystRL auf die Kundenmaxime, also in jedem Fall auch auf Leistungen an Unternehmer anzuwenden, welche Leistungen für ihr Unternehmen einkaufen. Deutschland bringt der Rüge zur Rechtfertigung vier Argumente entgegen[33], zu welchen der EuGH wie folgt Stellung nimmt.

Das erste Argument begründet eine Mehrfachbelastung der Reisevorleistungen, wenn die Anwendung der Sonderregelung auch in Bezug auf Leistungen an gewerbliche Kunden anzuwenden sei. Dies verstoße gegen den Grundsatz der steuerlichen Neutralität. Grundsätzlich soll ein Steuerpflichtiger im Rahmen seiner wirtschaftlichen Tätigkeit nicht mit der Mehrwertsteuer belastet werden, was durch den Vorsteuerabzug gewährleistet ist. Lediglich den Mehrwert, den er mit dem Gegenstand erwirtschaftet, hat er zu versteuern. Dies beruht auf dem sogenannten Prinzip der Belastungsneutralität.[34] Dies ist auch in Art. 168 Buchstabe a MwStSystRL verankert und darf prinzipiell nicht eingeschränkt werden, da dies den Mechanismus der Mehrwertsteuer ausmacht. Der EuGH weißt aber auch darauf hin, dass es sich bei den Art. 306-310 dieser

---

[30] Vgl. § 2 Abs. 1 UStG.
[31] Vgl. Grambeck, MwStR 2018, S. 317.
[32] Vgl. EuGH vom 26.9.2013, C-189/11, (Kommission/Spanien), UR 2013, S. 835, C-193/11, (Kommission/Polen), C-236/11, (Kommission/Italien), C-269/11, (Kommission/Tschechische Republik), C-293/11, (Kommission/Griechenland, C-296/11, (Kommission/Frankreich), C-309/11, (Kommission/Finnland), C-450/11, (Kommission/Portugal).
[33] Vgl. Nieskens, (Margenbesteuerung), EU-UStB 01/2018, S. 1.
[34] Vgl. Wenzel, in: Rau/Dürrwächter, UStG, 2005, § 25 UStG, Rn. 18.

Richtlinie um Sonderregelungen handelt, die Ausnahmen von der Regelbesteuerung vorsehen.[35] Hierbei handelt es sich demnach um eine lex specialis[36], welche dem allgemeinen Gesetz vorgeht. So findet Art. 306 der Mehrwertsteuersystemrichtlinie für sämtliche Leistungsempfänger Anwendung und § 25 Abs. 1 S. 1 UStG verstößt gegen die Richtlinienbestimmung. Es gilt die sogenannte Kundenmaxime.

Als zweites führt die Bundesrepublik Deutschland auf, dass die Auslegung der Kommission der Art. 306 ff. MwStSystRL zu Wettbewerbsverzerrungen führt. Diese Problematik sei dadurch gegeben, dass keiner der unternehmerischen Kunden einen Vorsteuerabzug aus der Eingangsleistung geltend machen kann und sie dazu verleitet werden die Reiseleistung direkt bei einem Reiseveranstalter in Anspruch zu nehmen. Dieser erbringt einen Großteil der Reisevorleistung selbständig, wodurch der Unternehmer keine weitere Belastung der nicht abziehbaren Vorsteuer aus den Reisevorleistungen hat. Eine andere Möglichkeit ist, dass die sie ihre Reiseleistungen direkt bei den einzelnen Fluggesellschaften oder Hotelbetreibern buchen, denn dadurch ist ein höherer Vorsteuerabzug möglich. So kommt es durch die Anwendung der Sonderregelungen des § 25 UStG im B2B-Bereich zu einer Verlagerung der Leistungen auf die einzelnen Wirtschaftsteilnehmer, was zu einer Wettbewerbsverzerrung führt. Der EuGH hingegen ist der Ansicht, dass die behaupteten Wettbewerbsverzerrungen nicht erkennbar seien. Denn gerade durch die Auslegung der Bundesrepublik sei eine ungleiche Behandlung zugunsten einiger Wirtschaftsteilnehmer gegeben, obwohl sie sich in einer vergleichbaren Lage befinden.[37] So wurden durch die enge Auslegung in § 25 Abs. 1 UStG auf die Reisendenmaxime die größeren Reiseveranstalter gegenüber den kleineren bevorzugt, da diese aufgrund geringerer Finanz-, Human- und Technologieressourcen mehr Schwierigkeiten bezüglich der Abgrenzung zwischen B2B- und B2C-Umsätzen haben.

Der dritte Grund, welchen die BRD zur Rechtfertigung anspricht, ist der Verstoß gegen die Art. 7, 8 und 16 der Europäischen Grundrechtecharta durch die Anwendung der Sonderregelung der Mehrwertsteuersystemrichtlinie.[38] Die Charta wurde durch Beauftragte der einzelnen EU-Mit-

---

[35] Vgl. EuGH vom 08.02.2018, C-380/16, (Kommission/Deutschland), Rn. 53.
[36] lex specialis = Sondergesetz (welches Vorrang hat vor der lex generalis, d.h. dem allgemeinen Gesetz).
[37] Vgl. Grambeck, MwStR 2018, S. 316.
[38] Vgl. EuGH vom 08.02.2018, C-380/16, (Kommission/Deutschland), Rn. 31.

gliedstaaten, der Europäischen Kommission und der nationalen Parlamente verfasst und beschlossen. Schlussendlich trat sie am 01. Dezember 2009 in Kraft und definiert die Rechte und Freiheiten der Menschen, die in der Europäischen Union leben.[39] Gemäß Art. 7 der Europäischen Grundrechtecharta soll das Privat- und Familienleben geachtet werden. Art. 8 beinhaltet das Recht auf den Schutz von personenbezogenen Daten und Art. 16 bezieht sich auf die unternehmerische Freiheit. Verstöße gegen diese drei Artikel der Grundrechtecharta der Europäischen Union sollen gegeben sein, da alle Reiseveranstalter ihre Gewinnmargen auf den Rechnungen offenlegen müssen.[40] Deutlich soll der Verstoß werden, wenn eine natürliche Person oder eine juristische Person deren Firmierung den Namen einer natürlichen Person als Reiseveranstalter handeln. Jedoch stellt der EuGH korrekt dar, dass andere Wettbewerber durch die Ausweisung der Einzelmarge auf der Rechnung kaum auf die wirtschaftliche Lage des Unternehmens Rückschlüsse ziehen können. So ist auch der Verhältnismäßigkeitsgrundsatz gewahrt, wenn die Sonderregelung auf alle Art von Kunden angewandt wird, denn hierdurch wird die Mehrwertsteuer entsprechend zwischen den Mitgliedstaaten aufgeteilt. Zudem gewährt Art. 52 Abs. 1 der Charta Einschränkungen der Grundrechte, sofern die Rechte und Freiheiten gewahrt werden.

Dass die Umsetzung der Sonderregelungen auf B2B-Umsätze erhebliche praktische Schwierigkeiten mit sich bringt, wird als letztes Argument gegen eine Änderung des § 25 UStG vorgetragen. Zum Zeitpunkt der Rechnungsstellung steht in den meisten Fällen die endgültige Gewinnmarge noch nicht fest, da die Reisevorleistungen zum Teil im Voraus zu großen Kontingenten eingekauft werden. Zudem werden von den Fluggesellschaften oder Hotelbetreibern häufig Rabatte gewährt, die jedoch von einer ganzen Reisesaison abhängig seien können und daher nicht bereits bei Rechnungserstellung an den Kunden die korrekte Marge errechnet werden kann. Durch etliche Korrekturen der Marge stellen die Sonderregelungen in dieser Hinsicht keine Vereinfachung dar. Doch auch dieses Argument entkräftet der EuGH, denn diese Problematik gäbe es sowohl im B2C-, als auch im B2B-Bereich. Jedoch gibt der EuGH auch zu, dass die Sonderregelungen mit praktischen Schwierigkeiten verbunden sind. Hier lässt der

---

[39] Vgl. o.V., Europäische Grundrechtecharta (bundesregierung.de), Zugriffsdatum: 21.11.2020.
[40] Vgl. Art. 220 Abs. 1 und Art. 226 Abs. 8 MwStSystRL.

EuGH, zur Verringerung der damit verbundenen praktischen Schwierigkeiten, zu, dass die Gewinnmarge durch eine Schätzung mit Hilfe von Anzahlungen bestimmt werden kann.[41] Dennoch kommt es auf die einheitliche Anwendung der Mehrwertsteuersystemrichtlinie durch die EU-Mitgliedsstaaten an.[42]

4.3 Zweite Rüge, § 25 Abs. 3 S. 3 UStG

Der Verstoß durch § 25 Abs. 3 S. 3 UStG gegen Art. 73 und Art. 306 ff. MwStSystRL stellt die zweite Rüge der Kommission gegen Deutschland dar. Art. 73 MwStSystRL beinhaltet den Grundsatz der Individualbesteuerung und da in Art. 306-310 der Richtlinie keine abweichenden Regelungen festgelegt sind, gelten die Grundsätze. Nach deutschem Recht durften die Reisebüros, für welche die Sonderregelung Anwendung findet, für Gruppen von Leistungen oder für die im gesamten Besteuerungszeitpunkt erbrachten Leistungen eine pauschale Steuerbemessungsgrundlage zu bilden.[43] Der EuGH gab jedoch der zweiten Rüge der Kommission statt, wodurch die Marge als Einzelmarge zu ermitteln und nicht als Gesamt- oder Gruppenmarge darzustellen ist. Die Bundesrepublik argumentiert entgegen der Auffassung der Kommission mit nicht einzeln zuordenbaren Reisevorleistungen, denn in solchen Fällen müsse ein Durchschnittswert ermittelt und anschließend nach Feststehen der Zuordnung Korrekturen vorgenommen werden. Ebenso ist sie der Meinung, dass das Unionsrecht durch die aktuelle Rechtslage nicht falsch anwendet wird, sondern diese Art der Berechnung lediglich die Margen aus den Einzelleistungen rechnerisch zusammenfasst. Hinsichtlich der praktischen Schwierigkeiten aus der ersten Rüge, müssten hier die Margen geschätzt werden, weil die genauen Kosten der Reisevorleistungen noch nicht feststehen und dies würde zu einer Berichtigung in fast jedem Einzelfall führen. Bei der Gesamt- oder Gruppenmargenbesteuerung, kann eine solche Differenz zwischen den einzelnen Margen ausgeglichen werden. Zugleich bestehe für andere Fälle der Differenzbesteuerung eine solche Möglichkeit der Margenzusammenfassung.[44] Doch auch hier stellt der EuGH klar, dass die Ermittlung von Einzelmargen zwingend ist, da nur die Sonderregelungen der Art. 306-310 MwStSystRL auf Reisebüros Anwendung finden und nicht die fol-

---

[41] Vgl. EuGH vom. 19.12.2018, C-422/17, (Skarpa Travel), UR 2019, S. 144-148, Rn. 43.
[42] Vgl. EuGH vom 08.02.2018, C-380/16, (Kommission/Deutschland), Rn. 50.
[43] Vgl. o.V., HFR 2018 Heft 3, Sonderregelung für Reisebüros – Verstoß von § 25 Abs. 1 Satz 1 und Abs. 3 Satz 3 UStG gegen das Unionsrecht, Seite 259, Rn. 75.
[44] Vgl. Art. 318 MwStSystRL.

genden Artikel anzuwenden sind. Die Ansicht, dass es auch in Art. 308 der Richtlinie zur Vereinfachung so vorgesehen ist, kann ebenfalls nicht vertreten werden. Als Folge der Änderung des § 25 Abs. 3 Satz 3 UStG wird auch § 72 Abs. 3 UStDV aufgehoben. Dieser regelte den buchmäßigen Nachweis für die Berechnung der Bemessungsgrundlage anhand der Gesamt- oder Gruppenmarge.

4.4 Würdigung

Die Entscheidung, zu welcher der EuGH im Vertragsverletzungsverfahren gegen Deutschland kommt, war zu erwarten. Denn im Urteil vom 26.09.2013[45] hat er eindeutige Aussagen zur Auslegung der Art. 306 ff MwStSystRL getroffen. So wiederholt der EuGH seine bisherigen Feststellungen und stellt erneut fest, dass der deutsche § 25 UStG durch die Anwendung der Reisendenmaxime europarechtswidrig ist. Bereits im Vertragsverletzungsverfahren zwischen der EU-Kommission und Spanien wurde entschieden, dass entgegen der anfangs vertretenen Auffassung der EU-Kommission, anstatt der Reisendenmaxime die Kundenmaxime anzuwenden sein. Die Kommission war dieser Meinung, da es unterschiedliche Übersetzungen der Art. 306-310 MwStSystRL gab.[46] Verwunderlich war, dass Deutschland sich so lange weigerte die offensichtlich unionsrechtswidrigen nationalen Sondervorschrift des § 25 UStG zu ändern und die Europäische Kommission vor dem Europäischen Gerichtshof klagen musste.

Schon der BFH hat mit Urteilen vom 21.11.2013[47] und 20.03.2014[48] entschieden, dass entgegen § 25 Abs. 1 Satz 1 UStG die unionsrechtlichen Grundlagen über die Sonderregelung für Reisebüros (Art. 306 ff. MwStSystRL) unmittelbar anwendbar sind, wenn ein Unternehmer Reiseleistungen an einen anderen Unternehmer für dessen Unternehmen erbringt und die unionsrechtlichen Bestimmungen zu einer günstigeren Besteuerung für ihn führen. Überdies wurde in einem weiteren BFH-Urteil vom 13.12.2017[49] entschieden, dass ein Unternehmer, der für sein Unternehmen Reiseleistungen von einem Reiseunternehmer mit Sitz im EU-Ausland bezogen hat sich ebenfalls auf Art. 307 MwStSystRL berufen kann. Dies hat zur Folge, dass er nicht wie bei der Anwendung der Regelbesteuerung aufgrund der Umkehr der Steuerschuldnerschaft

---

[45] Vgl. EuGH vom 26.09.2013, C-189/11, (Kommission/Spanien).
[46] Vgl. EuGH vom 26.09.2013, C-189/11, (Kommission/Spanien), Rn. 22, 23, 50.
[47] Vgl. BFH vom 21.11.2013, V R 11/11, BFHE 244, S. 111.
[48] Vgl. BFH vom 20.03.2014, V R 25/11, BFHE 245, S. 286.
[49] Vgl. BFH vom 13.12.2017, XI R 4/16, BFHE 260, S. 557.

gem. § 13b UStG die Steuer in Deutschland schuldet, sondern nach den unionsrechtlichen Bestimmungen diese Reiseleistungen nicht steuerbar sind.

Bezüglich der Bestimmung der Bemessungsgrundlage anhand einer Gruppen- oder Gesamtmarge ist ebenfalls auf das EuGH-Urteil Kommission/Spanien zu verweisen. In den Randnummern 101 bis 103 des Urteils vom 29.09.2013 wurde belegt, dass die Individualbesteuerung i.S. des Art. 73 MwStSystRL anzuwenden sei.[50] Obwohl es in den Vorschriften über die Differenzbesteuerung die Möglichkeit der Bildung von pauschalen Bemessungsgrundlagen gibt, sieht der EuGH diese Vorgehensweise für die Besteuerung von Reiseleistungen nicht vor. Daher hätte die Entscheidung auch für diese Streitfrage, im Hinblick auf das Vertragsverletzungsverfahren gegen Spanien, für die Bundesrepublik Deutschland bereits klar sein müssen.

Nachvollziehbar sind die von der Bundesrepublik Deutschland aufgeführten praktischen Probleme, jedoch müsste hierzu die MwStSystRL geändert werden. Auch, wenn die Mitgliedstaaten die Mehrwertsteuersystemrichtlinie für verbesserungswürdig halten, müssen sie ihre nationalen Gesetze an die unionsrechtlichen Regelungen anpassen, diese umsetzen und anwenden, bis der Unionsgesetzgeber die Unionsvorschrift, wie beispielsweise Art. 306 ff MwStSystRL, ändert. Sowohl bei typischen Reiseveranstaltern, wie Reisebüros, als auch bei Unternehmen, die Reiseleistungen beziehen und weiterverrechnen, sind die Auswirkungen vielfältig. Die Hauptauswirkung ist der eingeschränkte Vorsteuerabzug aus den Reisevorleistungen für B2B-Reiseleistungen. Auch kann ab dem 18.12.2019 bei jeder Art von Reiseleistungen für die Berechnung der Umsatzsteuer nur noch auf die Marge zurückgegriffen und nicht mehr das volle Entgelt als Bemessungsgrundlage herangezogen werden. Zur Vereinfachung der Anwendung der Sondervorschrift entfällt für ausländische Reiseveranstalter die Registrierungspflicht in Deutschland, da sich aufgrund § 25 UStG für ausländische Subunternehmer, welche in Deutschland Reisevorleistungen erbringen, ein anderer Leistungsort ergibt. Dieser liegt gem. § 25 Abs. 1 Satz 4 i.V.m. § 3a Abs. 1 UStG an dem Ort, von dem aus der leistende Unternehmer sein Unternehmen betreibt. Woraufhin für das weitere Besteuerungsverfahren das Recht des jeweiligen Staates anzuwenden ist.

---

[50] Vgl. EuGH vom 26.09.2013, C-189/11, (Kommission/Spanien), Rn. 101-103.

5. Anwendungsbereich § 25 UStG

5.1 Zweck und Inhalt

Die Besteuerung von Reiseleistungen nach § 25 UStG setzt die unionsrechtliche Vorgabe der Art. 306-310 MwStSystRL um. Sie zählt zu den besonderen Besteuerungsformen unter dem sechsten Abschnitt des Umsatzsteuergesetzes, in dem auch die Besteuerung nach Durchschnittssätzen, die Differenzbesteuerung, Innergemeinschaftliche Dreiecksgeschäfte und die Besteuerung von Umsätzen mit Anlagegold zu finden sind. Weil im Gegensatz zum allgemeinen System der Umsatzbesteuerung mit Vorsteuerabzug bei Reiseleistungen die Differenz von Reiseerlösen und Reisevorleistungen als Besteuerungsgrundlage herangezogen wird, werden die Begriffe Rohgewinn- oder Margenbesteuerung verwendet.[51] Im englischen Sprachraum ist die Abkürzung TOMS gebräuchlich, welche für Tour Operators′ Margin Scheme steht.[52]

Die Sonderregelung beruht auf der Überlegung, dass andernfalls Reiseunternehmer in jedem Reiseland zur Umsatzbesteuerung herangezogen werden müssten und sich dabei praktische Schwierigkeiten bei der Erfüllung dieser Pflichten ergeben würden. Sie dient somit der Vereinfachung der Mehrwertsteuervorschriften für Reiseunternehmen. Die Sondervorschrift soll die Einnahmen aus der Erhebung dieser Steuer in ausgewogener Weise zwischen den Mitgliedstaaten verteilen, in dem sie zum einen die Mehrwertsteuereinnahmen für jede Einzelleistung dem Mitgliedstaat des Endverbrauchs der Dienstleistungen und zum anderen die Mehrwertsteuereinnahmen im Zusammenhang mit der Marge des Reiseunternehmens dem Mitgliedstaat, in dem dieses ansässig ist, zufließen lässt.[53]

Die Besteuerung von Leistungen nach § 25 UStG erfolgt nur, wenn die folgenden Voraussetzungen vorliegen. Zum einen muss der Unternehmer eine Reiseleistung erbringen und hierbei im eigenen Namen auftreten. Zum anderen muss er hierfür Reisevorleistungen von Dritten in Anspruch nehmen und diese dem Reisenden unmittelbar zugutekommen lassen.

---

[51] o.V., Margenbesteuerung, https://www.fibunet.de/lexikon/margenbesteuerung, 28.11.2020.
[52] Vgl. Ward, Marcus (TOMS, 2018): VAT - Tour Operators' Margin Scheme (TOMS) A Brief Guide, https://www.marcusward.co/vat-tour-operators-margin-scheme-toms-a-brief-guide/#:~:text=The%20tour%20operators%E2%80%99%20mar-gin%20scheme%20%28TOMS%29%20is%20a,travel%20supplies%20without%20businesses%20hav-ing%20to%20register%20, 28.11.2020.
[53] Vgl. EuGH vom 26.09.2013, (Kommission/Spanien), C-189/11, Rn. 59.

5.2 Begriff der Reiseleistung und Ortsbestimmung § 25 Abs. 1 UStG

5.2.1 Definition der Reiseleistung

Wie andere Umsätze unterliegen auch Reiseleistungen der Besteuerung. § 25 UStG jedoch ist nur anwendbar, wenn Reiseleistungen erbracht werden und die anderen Voraussetzungen der Sonderregelung erfüllt werden. Eine genaue Definition des Begriffs Reiseleistung ergibt sich weder aus dem § 25 UStG, noch aus den einschlägigen Vorschriften der Mehrwertsteuersystemrichtlinie. Auch auf die Definition im Reisevertragsrecht ist nicht abzustellen.[54]

Vorliegend wird eine margenbesteuerte Reiseleistung in § 25 Abs. 1 Satz 1 UStG nicht nach der Art der Leistung definiert. Der Begriff wird vielmehr durch die Art des Umsatzes und der Art und Weise der Ausführung und Verwendung abgegrenzt. Eine Reiseleistung setzt sich regelmäßig aus mehreren Leistungen, insbesondere Beförderungs- und Unterbringungsleistungen, zusammen. Jedoch kann beispielsweise auch die bloße Überlassung einer von anderen Steuerpflichtigen angemieteten Ferienwohnung eine Reiseleistung darstellen.[55] Nach Abschnitt 25.1 Abs. 1 Satz 6 UStAE gehören auch Sprach- und Studienreisen in den Bereich der Margenbesteuerung, wenn die Voraussetzungen des § 25 Abs. 1 UStG erfüllt sind. Die Sonderregelung greift somit ebenfalls für längerfristige Studienaufenthalte im Ausland, sogenannte High-School-Programme.[56]

Die Sondervorschrift setzt eine gegen Entgelt erbrachte Reiseleistung gem. § 1 Abs. 1 Nr. 1 UStG i.V.m. § 3 Abs. 9 UStG oder eine gegen Entgelt gleichgestellte Leistung i.S. des § 3 Abs. 9a UStG voraus. Bei anderen unentgeltlich erbrachten Reisen hat das insbesondere die Folge, dass ein Vorsteuerabzug aus der Eingangsleistung im Zusammenhang mit der unentgeltlich erbrachten Reiseleistung nicht nach § 25 Abs. 4 UStG ausgeschlossen ist.[57]

---

[54] Vgl. Weymüller, in: BeckOK UStG, 2020, § 25 Rn. 27.1.
[55] Vgl. EuGH vom 19.12.2018, C-552/17, (Alpenchalets Resorts GmbH), Rn. 35.
[56] Vgl. Kesenheimer, juris Lexikon Steuerrecht, Reiseleistungen in der Umsatzsteuer – Voraussetzungen, Rn. 16.
[57] Vgl. BFH vom 13.12.2018, V R 52/17, BStBl. II 2019, S. 345.

5.2.2 Definition des Reiseveranstalters

5.2.2.1 Auftreten in eigenem Namen und auf eigene Rechnung

Unternehmer ist grundsätzlich gem. § 2 Abs. 1 Satz 1 UStG, wer eine berufliche oder gewerbliche Tätigkeit selbständig ausführt. Eine berufliche oder gewerbliche Tätigkeit ist dann gegeben, wenn sie nachhaltig zur Erzielung von Einkünften ausgeführt wird.[58] Ein besonderes Augenmerk sollte darauf gerichtet sein, dass sich die Prüfung der Besteuerung von Reiseleistungen nicht nur auf die Reiseverkehrsbranche bezieht. Denn für die Anwendung der Sonderregelung ist es nicht erforderlich, dass der Unternehmer die formale Eigenschaft eines Reisebüros oder Reiseveranstalters besitzt, sondern nur, dass er gleichartige Umsätze erbringt.[59] Entgegen des § 2 Abs. 1 UStG ist es unbeachtlich, ob Reiseleistungen nachhaltig oder nur gelegentlich erbracht werden (z.B. Ausrichten von Kongressen, Reisen von Banken, Schulen, Vereinen). Derartige Leistungen eines Reiseveranstalters sind dadurch gekennzeichnet, dass sie sich regelmäßig aus mehreren Leistungen, insbesondere Beförderungs- und Unterbringungsleistungen, zusammensetzen. Somit ist die Vorschrift von besonderer Bedeutung für die Veranstalter von Pauschalreisen.

Keine Anwendung dagegen findet § 25 UStG auf den isolierten Verkauf von Opernkarten durch ein Reisebüro ohne Erbringung einer Reiseleistung.[60] Denn Reisebüros erbringen in der Regel Vermittlungsleistungen, da sie nicht in eigenem Namen auftreten und somit unterliegen diese Umsätze der Regelbesteuerung. Werden jedoch einzelne Leistungen zu einer Gesamtleistung gebündelt und hierbei eine eigene Preisgestaltung vorgenommen, kann dies zur Annahme von Reiseleistungen führen. So führt der Verkauf von Opernkarten in Verbindung mit anderen Leistungen, wie zum Beispiel die Beförderung zur Vorstellung, zu einer Reiseleistung im Sinne des § 25 UStG.[61] Selbst wenn die Beförderung vom Reisenden später nicht in Anspruch genommen wird, liegt unter den Voraussetzungen des § 25 UStG eine steuerpflichtige Reiseleistung vor, da die Voraussetzungen für eine steuerfreie Vermittlungsleistung gem. § 4 Nr. 5 UStG nicht erfüllt sind. Hier wird das Reisebüro oder der Tickethändler auf eigene Rechnung, in eigenem Namen und auf eigenes Risiko tätig. Demnach kann auch der alleinige Verkauf des Tickets

---

[58] Vgl. § 2 Abs. 1 Satz 3 UStG.
[59] Vgl. EuGH vom 13.10.2005, C-200/04 (IST), Rn. 22.
[60] Vgl. Abschnitt 2.1 Abs. 1 Satz 5 UStAE.
[61] Vgl. EuGH vom 09.12.2010, C-31/10, (Minerva Kulturreisen), Rn. 22.

rückwirkend nicht als Vermittlungsleistung gedeutet werden.[62] Insofern ist es für die Besteuerung maßgebend, dass die Tickethändler sich vornherein entscheiden, ob sie allein die Tickets zu verkaufen oder diese mit anderen Leistungen als Leistungsbündel in einem Paket anbieten wollen.

5.2.2.2 Abgrenzung Vermittlungsleistung

Dass eine Leistung als Reiseleistungen qualifiziert wird, muss sie im eigenen Namen erbracht werden. Vermittlungsleistungen dagegen unterliegen der Besteuerung nach den allgemeinen Vorschriften des UStG. In der Regel vermittelt ein Reisebüro den Vertrag über die Reise zwischen Reiseunternehmer und Reisenden. Für die Vermittlungsleistung erhält das Reisebüro vom Reiseunternehmer eine Buchungsprovision, die überwiegend im Gutschriftverfahren gem. § 14 Abs. 2 Satz 2 UStG abgewickelt wird. So ist die Vermittlungsleistung als sonstige Leistung i.S. des § 3 Abs. 9 UStG anzusehen und wird nach § 3a Abs. 2 UStG am Sitz oder an einer Betriebsstätte des Reiseunternehmers erbracht.

Ein Reisebüro ist dann Vermittler einer Reiseleistung, wenn durch eindeutige Vereinbarung festgelegt ist, dass die Reiseleistung nicht im eigenen Namen oder in eigener Verantwortung verkauft wird. Zusätzlich müssen die festgelegten Vereinbarungen auch tatsächlich durchgeführt werden. Hierbei sind die tatsächlichen Umstände der Leistungsausführung aus Sicht des Reisenden maßgeblich.[63] In Bezug darauf ist zu beachten, dass die Vermittlerstellung aus Prospekt, Katalog, im Buchungsformular oder in anderen Unterlagen des Reiseunternehmers erkennbar sein muss.

Bei Verkauf einer Reise durch das Reisebüro an den Kunden stellt sich die Frage, ob hierbei mehrere Vermittlungsleistungen an den Reiseunternehmer erbracht werden können, da von diesem auch Eigenleistungen, beispielsweise in Form von Beförderungsleistungen, weitervermittelt werden sollen. Hierbei ist darauf hinzuweisen, dass auch bei einer einheitlichen Provision mehrere Vermittlungsleistungen vorliegen können. So erbringt das Reisebüro gegenüber des

---

[62] Vgl. Huschens, in Schwarz/Widmann/Radeisen, UStG, 2020, § 4 Nr. 5 UStG Rn. 86.
[63] Vgl. FG Düsseldorf vom 19.01.2007, 1 K 5925/04 U, EFG 2007 S. 717-719, Rn. 14.

Reiseunternehmers eine Vermittlungsleistung hinsichtlich der Leistungen, für die Reisevorleistungen in Anspruch genommen wurden, und eine gesonderte Vermittlungsleistung für die Eigenleistungen des Reiseunternehmers.[64]

5.2.2.3 Dienstleistungskommission

Gem. § 25 Abs. 1 Satz 1 UStG erbringt ein Unternehmer Reiseleistungen, wenn er in eigenem Namen auftritt und Reisevorleistungen in Anspruch genommen hat. Zudem muss der Unternehmer in eine unmittelbare Rechtsbeziehung zum Reisenden treten und für den Ablauf der Reise verantwortlich sein.[65] Hierbei wird auf die zivilrechtliche Beurteilung abgezielt.[66] Im Falle einer Dienstleistungskommission nach § 3 Abs. 11 UStG handelt der Unternehmer im eigenen Namen, jedoch für fremde Rechnung. Da vorliegend das Handeln in eigenem Namen für die Anwendung der Sondervorschrift ausreicht, fallen die Tätigkeiten eines Kommissionärs ebenfalls darunter.[67] Die Leistungen von Dritten gegenüber dem Reiseunternehmer werden nur fingiert und stehen somit der Anwendung des § 25 UStG nicht entgegen, wenn sie dem Reisenden unmittelbar zugekommen.[68] Denn wenn Steuerpflichtige bei der Erbringung von Dienstleistungen im eigenen Namen aber für Rechnung von Dritten tätig werden, wird die Leistung so behandelt, als hätte er die bezogene Reisevorleistung selbst erhalten.[69] Aufgrund des lex specialis des § 25 UStG wird die Anwendung des § 3 Abs. 11 UStG ausgeschlossen.[70] Anhand der folgenden zwei Beispiele soll die Auswirkung einer Einkaufs- und Verkaufskommission im Zusammenhang mit einer Reiseleistung dargestellt werden.

Beispiel 1:

Der Inländer (P) beauftragt das Reisebüro (R) mit Sitz im Inland, mit dem Erwerb von Beförderungsleistungen von einem Dritten (D), welcher im Drittland ansässig ist. R soll die Leistung im eigenen Namen aber für Rechnung des P besorgen.

---

[64] Vgl. Henseler, in: Lexikon des Steuerrechts, Reiseleistungen, Rn. 11.
[65] Vgl. BFH vom 20.11.1975, V R 138/73, BStBl. II 1976, S. 307.
[66] Vgl. Abschnitt 25.1 Abs. 7 UStAE.
[67] Vgl. BMF vom 03.04.2012, IV D 2, S 7100/07/10027, BStBl. I 2012, S. 486.
[68] Vgl. Meurer, (Reiseleistung), StBW 2012, S. 953.
[69] Vgl. BFH vom 07.10.1999, V R 79 80/89, BStBl II 2004, S. 308.
[70] Vgl. Henkel, (Leistungskommission), UR 2000, S. 29.

Abbildung 1: Beispiel Einkaufskommission

P (Privatmann) ◄─────────── Reisebüro ◄─────────── D (Dritter)

       Reiseleistung in Form   Beförderungsleistung

       der Beförderungsleistung

Quelle: eigene Darstellung

Das Reisebüro wird in die Erbringung einer sonstigen Leistung mit einbezogen und handelt in eigenem Namen aber auf fremde Rechnung. Es liegt unstreitig eine Kommissionsleistung vor. Da das Reisebüro die Leistung für den P besorgt, handelt es sich vorliegend um eine Leistungseinkaufkommission. Hier wird die Leistungskette fingiert, da der Endabnehmer dem leistenden Unternehmer in der Regel nicht bekannt ist.[71] Somit wird die Beförderungsleistung von D an das Reisebüro und von ihm an P erbracht. Da diese Leistung aus der Eigenleistung des D besteht, handelt es sich nicht um eine Reiseleistung und ist von D nach den allgemeinen Grundsätzen zu versteuern. Sie ist nach § 3 Abs. 11 UStG steuerbar und am Ort des Leistungsempfängers gem. § 3a Abs. 2 UStG steuerpflichtig. Für das Reisebüro stellt diese Leistung jedoch eine Reisevorleistung dar, für die es, trotz eines eventuellen Umsatzsteuerausweises in der Rechnung des P, keinen Vorsteuerabzug geltend machen kann, da dieser nach § 25 Abs. 4 UStG ausgeschlossen ist.[72]

Beispiel 2:

Der Inländer P beauftragt das Reisebüro mit inländischem Sitz, seine im EU-Ausland liegende Ferienwohnung für kurzfristige Ferienaufenthalte zu vermieten. Hierbei handelt das Reisebüro in eigenem Namen aber für Rechnung des P.

---

[71] Vgl. Radeisen, in: Haufe, Steuer Office Gold, 16.01.2019, Sonstige Leistung.
[72] Vgl. Abschnitt 3.15 Abs. 6 UStAE.

Abbildung 2: Beispiel Verkaufskommission

P (Privatmann) ⟶ Reisebüro ⟶ M (Mieter)

Kurzfristige   Reiseleistung

Vermietungsleistung

Quelle: Abschnitt 3.15 Abs. 7 UStAE

Auch hier wird das Reisebüro in die Erbringung einer sonstigen Leistung mit eingeschaltet. Da es aber im eigenen Namen auftritt und für Rechnung von P handelt, liegt hier eine Verkaufs-kommission gem. § 3 Abs. 11 UStG vor. Vorliegend ist die Fiktion der Leistungskette gege-ben[73] und das Reisebüro erbringt an die Mieter Reiseleistungen i.S. des § 25 UStG, da er von P die Reisevorleistung eingekauft hat und diese in eigenem Namen wei-terveräußert. P hingegen erbringt an das Reisebüro eine steuerbare Vermietungsleistung, wel-che aufgrund der Kurzfristigkeit gem. § 4 Nr. 12 Satz 2 UStG steuerpflichtig ist.[74]

5.2.3 Ort der sonstigen Leistung

Sofern die Tatbestandsmerkmale des § 25 Abs. 1 Satz 1 UStG erfüllt sind, erbringt der Unter-nehmer gem. § 25 Abs. 1 Satz 2 und 3 UStG eine einheitliche sonstige Leistung, welche meh-rere Leistungen zusammenfasst. Die Ortsbestimmung wird durch § 25 Abs. 1 Satz 4 in Verbindung mit § 3a Abs. 1 UStG bestimmt. Folglich ist der Ort der Reiseleistung am Sitzort des leistenden Unternehmers. Auch der Ort der Betriebsstätte des Un-ternehmers kann als Leistungsort gelten, wenn von hier aus die sonstige Leistung ausgeführt wird.[75] Wird die Reiseleistung durch eigene Betriebsstätten im Inland erbracht, ist diese am Ort der Betriebsstätte im Inland steuerbar.[76] Sobald also die Betriebsstätte im Ausland liegt, ist der Umsatz in Deutschland nicht steuerbar. Hier greift jedoch das Recht des jeweiligen Staates. Durch den Beschluss des hessischen Finanzgerichts vom 06.04.2006[77] wurde der Ort der sons-tigen Leistung bei Reiseleistungen genauer bestimmt. Hierbei ging es um die Streitfrage, ob die Steuerpflichtige die Reiseleistungen nach Monaco am Sitz des Unternehmens in Hessen oder

---

[73] Vgl. Leonard/Robisch, in: Bunjes Umsatzsteuergesetz, 2020, § 3, Rn. 296.
[74] Vgl. Abschnitt 3.15 Abs. 7 UStAE.
[75] Vgl. Abschnitt 25.1 Abs. 6 Satz 3 UStAE.
[76] Vgl. Abschnitt 25.1 Abs. 6 Satz 4 UStAE.
[77] Vgl. FG Hessen vom 06.04.2006, 6 V 1776/05, juris.de.

von ihrem Wohnort in Monaco erbracht hat. Das FG hat die Regelung des Art. 307 Satz 2 MwStSystRL bestätigt, wonach der Ort der sonstigen Leistung i.S. des § 3a Abs. 1 UStG dort ist, wo der Dienstleistende den Sitz seiner wirtschaftlichen Tätigkeit oder eine feste Niederlassung hat, von wo aus die Dienstleistung erbracht wird.[78] Der Steuerpflichtige geht an dem Ort seiner wirtschaftlichen Tätigkeit nach, von wo aus er die Planung, Bearbeitung und den Verkauf der Reise vornimmt.[79]

Vor allem für Reisevorleistungen ist die Ortsbestimmung von Bedeutung. Denn hiernach richtet sich die Steuerbefreiung des § 25 Abs. 2 UStG. So muss eindeutig geklärt werden, ob die Reisevorleistung im Drittlandsgebiet oder im Gemeinschaftsgebiet ausgeführt wurde. Wenn sich eine Pauschalreise, welche der Unternehmer mit eigenen Mitteln an Reisende erbringt, nicht nur auf das Inland erstreckt, sind nur die Leistungen nach den allgemeinen Grundsätzen des Umsatzsteuerrechts steuerbar, die im Inland bewirkt werden. So sind beispielsweise Beförderungen nur bezüglich ihres inländischen Streckenanteils steuerbar.[80] Auch die Unterbringung und Restaurationsleistungen als Nebenleistungen sind nur gem. § 3a Abs. 3 Nr. 1 UStG steuerbar, wenn sie im Inland erfolgen.[81] Restaurationsleistungen, die jedoch keine Nebenleistungen zur Unterbringung darstellen, sind nach § 3a Abs. 3 Nr. 3 Buchstabe b UStG steuerbar, soweit sie im Inland erbracht werden. Die Ortsbestimmung richtet sich bei Beförderungen innerhalb des Gemeinschaftsgebiets nach § 3e UStG, wenn diese an Bord eines Schiffs, in einem Luftfahrzeug oder einer Eisenbahn ausgeführt wird. Betreuungsleistungen durch einen angestellten Reiseleiter sind nach § 3a Abs. 1 UStG steuerbar, wenn der Unternehmenssitz des Reiseunternehmers oder die Betriebsstätte, von der aus die Leistung ausgeführt wird, im Inland liegen. Sofern die Reiseleistung an einen anderen Unternehmer erbracht wird, ist sie nach § 3a Abs. 2 UStG am Sitz oder an der Betriebsstätte des Leistungsempfängers steuerpflichtig.

5.2.4   Definition des Leistungsempfängers

5.2.4.1   Nationale Regelung bis 17.12.2019

Bis zur Gesetzesänderung am 18.12.2019 galt die Sondervorschrift § 25 UStG nur für Reiseleistungen, die nicht für das Unternehmen des Leistungsempfängers bestimmt waren. § 25 Abs.

---

[78] Vgl. FG Hessen vom 06.04.2006, 6 V 1776/05, Rn. 22.
[79] Vgl. BFH vom 18.03.1971, V R 101/67, BStBl II 1971, S. 518, Rn. 14.
[80] Vgl. § 3b Abs. 1 Satz 2 UStG.
[81] Vgl. Abschnitt 3.10 Abs. 6 Nr. 13 UStAE.

1 Satz 1 UStG hat demnach nur dann Anwendung gefunden, wenn die Reiseleistung an den Endverbraucher erbracht wurde. Der Leistungsempfänger ist in der Regel derjenige, der die Reise bucht.[82] Oft fällt dieses Merkmal mit dem des Reisenden zusammen. Der Buchende und der Reisende fallen zum Beispiel dann auseinander, wenn der Vater die Pauschalreise bucht und diese seiner Tochter schenkt. So wäre sie die Reisende und der Vater der Besteller, also der Leistungsempfänger.[83]

Folgendes Schema soll zur Unterscheidung der Besteuerungsform dienen:

Abbildung 3: Einordnung von Reiseleistungen

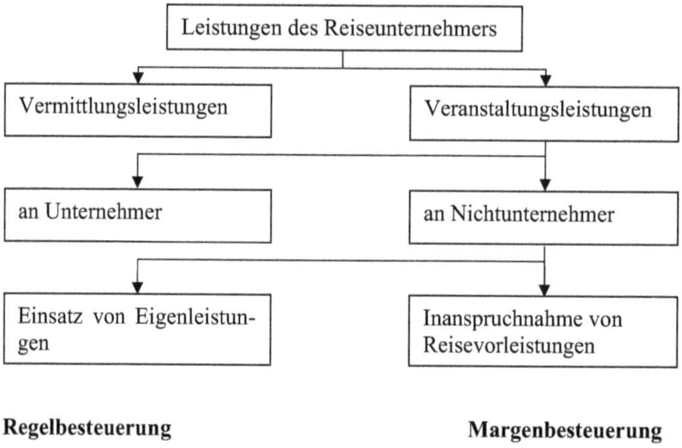

Quelle: eigene Darstellung

Im vorangehenden Schaubild soll dargestellt werden, unter welche Besteuerungsform die einzelnen Leistungen nach der alten Rechtslage gefallen sind. Hat ein Reiseunternehmer Vermittlungsleistungen erbracht, sind diese nicht dem Anwendungsbereich des § 25 UStG zuzuordnen, sondern nach den allgemeinen Bestimmungen des UStG zu besteuern. Bei Vermittlungsleistungen tritt der Unternehmer nämlich im Namen des Vertretenen auf und

---

[82] Vgl. Püschner, in: eKomm bis 17.12.2019, § 25 UStG Rn. 48.
[83] Vgl. Abschnitt 25.1 Abs. 1 Satz 11 UStAE.

nicht in eigenem Namen oder auf eigene Rechnung.[84] Wenn Veranstaltungsleistungen an Unternehmer für deren Unternehmen erbracht werden, liegt ebenfalls keine Reiseleistung i.S. des § 25 UStG vor, selbst wenn die anderen Voraussetzungen des § 25 UStG erfüllt sind. Es scheiterte hierbei an dem Merkmal der Kundenmaxime. Wird eine Reise- oder Veranstaltungsleistung inklusive Eigenleistungen an einen Nichtunternehmer erbracht, sind die Tatbestandsvoraussetzungen des § 25 UStG nicht erfüllt, denn dadurch werden keine Reisevorleistungen von Dritten in Anspruch genommen. Hier müssen die Eigenleistungen nach den geltenden Vorschriften des UStG besteuert werden.[85] Folglich liegen sonstige Leistungen, welche die Tatbestandsmerkmale des § 25 UStG erfüllen nur vor, wenn diese nicht für das Unternehmen des Leistungsempfängers bestimmt sind, soweit der Unternehmer gegenüber dem Leistungsempfänger im eigenen Namen auftritt und der Unternehmer Reisevorleistungen in Anspruch genommen hat, welche dem Reisenden unmittelbar zugutekommen.

5.2.4.2 Nationale Regelung ab 18.12.2019

Auch nach der neuen Rechtslage bleibt der Leistungsempfänger die Person, welche die unmittelbare Rechtsbeziehung zum Reiseunternehmer hat. Nach der bisherigen nationalen Rechtslage konnte die Sonderregelung nur bei Reiseleistungen an Privatpersonen und nicht bei solchen an Unternehmer, welche die Leistung für deren unternehmerischen Bereich bezogen haben, angewandt werden. So konnte der Reiseunternehmer nach Ergehen des EuGH-Urteils vom 26.09.2013[86] für jede einzelne von ihm erbrachte oder bezogene Leistung zwischen der Anwendung des Unionsrechts und dem nationalen Recht – also zwischen der Reisenden- und der Kundenmaxime – wählen.[87] Aufgrund des Vorrangs des Unionsrechts war diese Differenzierung der Besteuerung möglich. Den Steuerpflichtigen soll die Möglichkeit zur günstigeren Besteuerung gegeben sein, wenn diese durch das Unionsrecht erreichbar ist. Doch seit Inkrafttreten der Neuregelung des Gesetzes ist ab dem 18.12.2019 zwingend für solche Leistungen, welche die Voraussetzungen des § 25 UStG erfüllen, die Margenbesteuerung anzuwenden. So ist im oben genannten Beispiel nicht nur der Vater Leistungsempfänger, wenn er eine Reise für

---

[84] Vgl. Schuska, (Vermittler), MwStR 2017, S. 301.
[85] Vgl. Abschnitt 25.1 Abs. 2 UStAE.
[86] Vgl. EuGH vom 26.09.2013, C-189/11 (Kommission/Spanien).
[87] Vgl. BFH vom 13.12.2017 XI R 4/16, BFHE 260, S. 557.

seine Tochter kauft, sondern auch ein Unternehmer, welcher die Reise für seine Mitarbeiter erwirbt.

5.2.5 Definition der Reisevorleistung

Die Sonderregelung ist gem. § 25 Abs. 1 Satz 1 und 5 UStG nur in Bezug auf Leistungen anzuwenden, für die der Reiseunternehmer Lieferungen oder sonstige Leistungen anderer Unternehmer zur Durchführung der Reise in Anspruch nimmt und diese dem Reisenden unmittelbar zugutekommen. Die Inanspruchnahme von Lieferungen und sonstigen Leistungen von dritter Seite nennt man Reisevorleistungen.[88] Insbesondere sind hiermit Beförderung, Unterbringung und die Verpflegung der Reisenden gemeint. Also Leistungen, welche der Reisende beziehen würde, wenn er die Reise selbst durchführen würde. Somit scheidet eine Anwendung aus, wenn die Reise mit eigenen Mitteln durchgeführt wird oder Reisevorleistungen von Privatpersonen eingekauft werden.[89]

Unter die typischen Reisevorleistungen fallen Beförderungsleistungen fremder Beförderungsunternehmer mit der Eisenbahn oder Bussen.[90] Hierbei ist jedoch im Wege der Vertragsauslegung zu ermitteln, ob tatsächlich eine Beförderungsleistung vorliegt. Denn eine bloße Vermietung von Fahrzeugen, ohne oder mit Fahrern aufgrund eines Personalgestellungsvertrag, stellt keine Beförderungsleistung im Sinne des § 25 UStG. Folglich ist diese Art der Beförderung nicht als Reisevorleistung zu qualifizieren, da es sich um eine Eigenleistung handelt.[91] Dagegen liegen auch dann Reisevorleistungen vor, wenn der Reiseunternehmer aufgrund von bestimmten vereinbarten Beförderungskapazitäten mit Luft- und Schifffahrtsgesellschaften zu bezahlen hat, obwohl er diese nicht nutzt.[92] Diese Regelung gilt sinngemäß für die Beherbergung in Hotels oder Pensionen von fremden Unternehmern, obwohl der Reiseunternehmer das Kontingent der gebuchten Zimmer nicht ausschöpfen konnte. Zudem ist die Vermietung von Ferienhäusern, Ferienwohnungen und die Überlassung von Wohnwägen zum stationären Gebrauch zu nennen. Verpflegungsleistungen durch fremde Unternehmer in Hotels oder Gaststätten, die Betreuung durch fremde Reiseleiter und Veranstaltungen, welche von fremden Unternehmern angeboten

---

[88] Vgl. Abschnitt 25.1 Abs. 9 UStAE.
[89] Vgl. EuGH vom 25.10.2012, C-557/11 (Kozak), Rn. 18.
[90] Vgl. Abschnitt 3b.1 Abs. 2 (Beispiel) UStAE.
[91] Vgl. Abschnitt 3a.5 Abs. 4 i.V.m. Abschnitt 25.1 Abs.10 UStAE.
[92] Vgl. Abschnitt 25.3 Abs. 1 Satz 2 UStAE.

werden, wie Sportangebote, Konzerte und Ausflüge fallen auch unter die typischen Reisevorleistungen.

Für die Einordnung der Lieferung oder sonstigen Leistung als Reisevorleistung ist es unerheblich, ob auf den Reisevorleistungen inländische oder ausländische Umsatzsteuer lastet oder nicht. Aufgrund dessen können Reisevorleistungen auch vorliegen, wenn diese von Kleinunternehmern i.s. des § 19 Abs. 1 UStG erbracht werden, es sich um steuerfreie Leistungen, grenzüberschreitende Personenbeförderungen im Luftverkehr oder im Inland nicht steuerbare Leistungen aufgrund eines ausländischen Leistungsort, handelt.

Bezüglich der Unmittelbarkeit der Reisevorleistung ist die Identität von Reisevorleistung und Reiseleistung maßgeblich.[93] Das heißt, dass die von Dritten in Anspruch genommene Leistung und die Reiseleistung, welche der Reiseunternehmer im eigenen Namen an den Reisenden verkauft, vom Leistungsinhalt gleich sein müssen. Dabei sind sowohl die umsatzsteuerrechtlichen Leistungsbeziehungen, als auch die dessen zugrundeliegenden zivilrechtlichen Rechtsverhältnisse zwischen dem Dritten und dem Unternehmen, aber auch zwischen dem Unternehmer und dem Leistungsempfänger ohne Bedeutung. Es kommt hierbei auf die tatsächlichen Umstände der Leistungsausführung gegenüber dem Kunden an.[94] Die Leistungskette ist ähnlich wie bei einem Reihengeschäft gem. § 3 Abs. 6a UStG. Denn der Reiseunternehmer gleicht dem Auftreten eines Vermittlers, da der Leistungsträger (Dritte) die Leistung an den Reisenden erbringt. Bedeutend ist hier das Auftreten des Dritten. Wenn der Unternehmer an den Reiseunternehmer ein Flugzeug vermietet, der Reiseunternehmer selbst Besatzung und Betriebsmittel stellt und anschließend den Reisenden befördert, liegt keine Identität des Leistungsinhalts vor. Folglich handelt es sich bei dem Leistungsbezug des Reiseunternehmers nicht um eine in Anspruch genommene Leistung von Dritten im Sinne des § 25 Abs. 1 Satz 5 UStG. Der leistende Unternehmer führt somit eine Vermietungsleistung aus und an den Reisenden wird eine Beförderungsleistung erbracht.[95]

---

[93] Vgl. FG Rheinland-Pfalz vom 07.08.2014, 6 K 2092/13, MwStR 2015, S. 30.
[94] Vgl. BFH vom 21.01.1993, V B 95/92 Rn. 9.
[95] Vgl. Püschner, in: eKommentar ab 18.12.2019, § 25 UStG Rn. 54.

5.2.6 Eigenleistung

Erbringt ein Unternehmer nur eigene Leistungen, ist § 25 UStG nicht anwendbar, da es an dem Tatbestandsmerkmal der Inanspruchnahme der Reisevorleistungen fehlt. Eigenleistungen werden durch den Einsatz eigener Mittel des Veranstalters erbracht. Wird die Reiseleistung durch den Einsatz des eigenen Hotels, eigener Beförderungsmittel oder durch die eigene Betreuung bzw. die eines angestellten Reiseleiters erbracht, liegen Eigeneleistungen vor und diese Dienstleistung fällt nicht in den Anwendungsbereich des § 25 UStG.[96] Folglich ist für Eigenleistungen die Regelbesteuerung anzuwenden und nicht in die Berechnung der Bemessungsgrundlage für Reisleistungen hereinzurechnen. Um eine Reisevorleistung und eine Eigenleistung zu unterscheiden, sind wie bereits in Kapitel 5.2.5 erläutert, die tatsächlichen Verhältnisse der Leistungsausführung gegenüber dem Reisenden – seit dem 18.12.2019 besser „Kunden" – ausschlaggebend.

Es können jedoch auch gemischte Reisen vorliegen. Gemischte Reisen sind solche Reisen, die aus Eigenleistungen und aus in Anspruch genommenen Reisevorleistungen von Dritten bestehen. So ist nur für den Teil der Reisevorleistung § 25 UStG anwendbar und der Anteil der Eigenleistungen ist bei der Ermittlung der Marge prozentual herauszurechnen.[97] Diese Auffassung wurde auch vom EuGH mit Urteil vom 25.10.2012 bestätigt.[98] Folglich ist der auf die Eigenleistung entfallende Reisepreis der regulären Besteuerung zu unterwerfen.

5.3   Steuerfreiheit §25 Abs. 2 UStG

Eine Reiseleistung kann nach § 25 Abs. 2 UStG oder nach den allgemeinen Grundsätzen i.S. des § 4 UStG steuerfrei sein. Nach § 25 Abs. 2 UStG ist eine Leistung steuerfrei, soweit die ihr zuzurechnenden Reisevorleistungen ausschließlich im Drittland bewirkt werden. Werden die Reisevorleistungen nur zum Teil im Drittlandsgebiet, im Übrigen aber im Gemeinschaftsgebiet erbracht, sind diese insoweit steuerfrei, als die sonstigen Leistungen im Zusammenhang mit Reisevorleistungen aus dem Drittlandsgebiet stehen. Zudem gilt die Steuerbefreiung des § 25 Abs. 2 UStG nur für einheitliche sonstige Leistungen, welche unter die Anwendung des § 25

---

[96] Vgl. Püschner, in: eKommentar, 2015, § 25 UStG Besteuerung von Reiseleistungen, Rn. 33.
[97] Vgl. Abschnitt 25.1 Abs. 11 UStAE.
[98] Vgl. EuGH vom 25.10.2012, C-557/11, (Kozak), Rn 26.

UStG fallen und ist nicht anzuwenden, wenn Eigenleistungen des Unternehmers vorliegen oder auf Vermittlungsleistungen erbracht werden.[99]

Umsätze sind steuerbar, wenn sie im Inland i.S. des § 1 Abs. 2 UStG erbracht werden. Dieses bildet das Gebiet der Bundesrepublik Deutschland, mit Ausnahmen von Büsingen, der Insel Helgoland und den Freihäfen.[100] Das übrige Gemeinschaftsgebiet umfasst gem. § 1 Abs. 2a Sätze 1, 2 UStG die Bundesrepublik Deutschland und alle übrigen Mitgliedstaaten der Europäischen Union. Nach § 1 Abs. 2a Satz 3 UStG fallen somit unter den Begriff des Drittlands alle anderen Staaten, welche weder Inland noch übriges Gemeinschaftsgebiet sind.

Vereinfachungsregelungen für das Absehen einer Aufteilung der Reise gibt es für Personenbeförderungen im Luftverkehr. Nach Abschnitt 25.2 Abs. 4 UStAE gilt die Reisevorleistung als im Drittland erbracht, wenn der Zielort der Reise im Drittlandsgebiet liegt. Liegt der Zielort hingegen im Gemeinschaftsgebiet, gilt die Reisevorleistung als im Gemeinschaftsgebiet erbracht. Hin- und Rückflug stellen eine Reisevorleistung dar, sodass sich der Zielort immer durch den Hinflug ermitteln lässt. Diese Vereinfachungsregelungen können nur einheitlich für alle Reisen angewandt werden, aber auch eine genaue Aufteilung in Streckenanteilen ist jederzeit möglich. Für die Beförderung von Personen bei Kreuzfahrten gibt es in Abschnitt 25.2 Abs. 6 UStAE eine Regelung zur Vereinfachung. Hier kann vereinfachungshalber bei Vorliegen eines geringen Streckenanteils in Europa auch die gesamte Leistung als im Drittland erbracht angesehen werden und somit die Aufteilung in einen steuerfreien und steuerpflichtigen Teil unterbleiben. Diese Reiseleistung des Veranstalters ist folglich komplett steuerfrei.[101]

Eine Reiseleistung kann auch nach den allgemeinen Befreiungsvorschriften i.S. des § 4 UStG steuerfrei sein. Hier ist beispielsweise die Befreiung nach § 4 Nr. 25 UStG für Leistungen der Jugendhilfe zu nennen. Wird von einer Einrichtung, wie sie in § 24 Nr. 25 UStG genannt ist, Reiseleistungen erbracht, welche unter die Anwendung des § 25 UStG fallen, dann stellt sich die Frage, welche Steuerbefreiung greift. Liegen beide Steuerbefreiungen nebeneinander vor, wurde seitens der Finanzverwaltung entschieden, dass die allgemeine Vorschrift des § 4 Nr. 25

---

[99] Vgl. Püschner, in: eKommentar, 2015, § 25 UStG Besteuerung von Reiseleistungen, Rn. 65.
[100] Vgl. Koisiak, in: Fritsch/Huschens/Koisiak/Langer, UStG – eKommentar, 2021, § 1 UStG Rn. 77.
[101] Vgl. Bader u.a., Umsatzsteuerrecht visualisiert, 2017, S. 185.

UStG der Sonderbefreiung nach § 25 UStG vorgeht.[102] Wird die Reisevorleistung im Gemein-schaftsgebiet erbracht, kann die Steuerbefreiung nach § 25 Abs. 2 UStG nicht greifen. Jedoch wäre in diesem Fall die Reiseleistung trotzdem nach § 4 Nr. 25 UStG von der Steuer befreit.[103]

5.4 Bemessungsgrundlage § 25 Abs. 3 UStG

§ 25 UStG ist auf Reisen in der ganzen Welt anzuwenden. Steuerpflichtig ist jedoch nur der Teil der Reisevorleistung, welcher in der Europäischen Union bewirkt wird. So gibt es ein ein-faches Schema für die Berechnung der Bemessungsgrundlage für die Umsatzsteuer.

Betrag den der Leistungsempfänger aufwendet

./. Betrag für Reisevorleistungen des Unternehmers

= Bruttomarge

./. darin enthaltene Umsatzsteuer

= steuerpflichtige Marge (Nettomarge)

Reisevorleistungen in fremder Währung sind gem. § 16 Abs. 6 UStG in dem Zeitpunkt umzu-rechnen, in dem die Aufwendungen geleistet werden.

Um die Ermittlung der Besteuerungsgrundlage zu vereinfachen, lässt § 25 Abs. 3 Satz 3 UStG bis zur Änderung[104] die Bildung einer Gruppen- oder Gesamtmarge zu. Das bedeutet, dass der Unternehmer z.B. alle Reisen eines Kalenderjahres, Reisen in bestimmte Zielgebiete oder zu bestimmten Jahreszeiten zusammenfassen und die Marge einheitlich ermitteln kann.[105]

Diese Regelung ist wie in Kapitel 4 erläutert und nach dem bereits genannten EuGH-Urteil vom 08.02.2018 nicht mit dem Unionsrecht vereinbar und wird daher gestrichen. Damit die Betroffe-nen Zeit haben, ihre Buchführungssysteme sowie ihre betrieblichen Abläufe umzustellen, soll die Änderung gem. § 27 Abs. 26 UStG erstmalig für Umsätze angewendet werden, die nach dem 31.12.2021 bewirkt werden.

---

[102] Vgl. Abschnitt 25.2 Abs. 7 UStAE.
[103] Vgl. Püschner, in: eKommentar, 2015, § 25 UStG Besteuerung von Reiseleistungen, Rn. 73.
[104] Neue Rechtslage ab 01.01.2022.
[105] Vgl. Wolf, in: Weymüller, BeckOK UStG, 2021, § 25 UStG, Rn. 65.5.

Wenn die Aufwendungen des Reiseunternehmers für die von ihm in Anspruch genommenen Reisevorleistungen, beispielsweise aufgrund von Fehlkalkulationen oder Werbereisen zur Erschließung neuer Reisezielgebiete, höher als der vom Reisenden zu zahlende Reisepreis ist, ergibt sich eine negative Marge. Diese kann als Einzel-, Gruppen- oder Globalmarge auftreten. In diesen Fällen fehlt es an einer Bemessungsgrundlage. Negative Margen dürfen nicht von einer positiven Bemessungsgrundlage aus anderen Reiseleistungen abgezogen oder in den nächsten Besteuerungszeitraum weitergetragen werden.[106] Allein innerhalb von Gruppen- oder Globalmargen ist bis zum 31.12.2021 eine Verrechnung von positiven und negativen Einzelmargen möglich. Bezüglich Reisen an Arbeitnehmer ist keine negative Marge möglich. Wird in diesem Fall die Reiseleistung entgeltlich oder ggf. auch verbilligt überlassen, sind gem. § 10 Abs. 5 Nr. 2 i.V.m. Abs. 4 Satz 1 Nr. 3 UStG die tatsächlichen Aufwendungen des Leistungsempfängers, mindestens jedoch die Ausgaben des Arbeitgebers, als Reiseerlös anzusetzen.[107] Übersteigen die Zuzahlungen des Arbeitnehmers die Aufwendungen des Arbeitgebers nicht, ergibt sich keine Marge. Wird die Reise unentgeltlich an den Arbeitnehmer überlassen, ergibt sich grundsätzlich keine Marge, da sich die Ausgaben nach § 10 Abs. 4 Satz 1 Nr. 3 UStG mit den Aufwendungen des Unternehmers decken.[108]

Reisende können Sachrabatte oder -kulanzen erhalten, welche auch in zusätzlichen Leistungen wie Flug- oder Hotelgutscheinen bestehen können. Solche Rabatte an den Kunden dürfen nicht von den Reiseerlösen abgezogen werden, da die Reduzierung der Marge bereits durch die Inanspruchnahme von Reisevorleistungen gekürzt wurde. Dies ist vergleichbar mit Eigenleistungen, die der Regelbesteuerung unterliegen.

5.5 Vorsteuerabzug § 25 Abs. 4 UStG

Der Unternehmer ist nach § 25 Abs. 4 UStG nicht berechtigt, die auf die Reisevorleistung entfallende Umsatzsteuer als Vorsteuer abzuziehen, wenn diese Leistungen von Dritten dem Reisenden unmittelbar zugekommen. Für andere Eingangsleistungen, die zur Ausführung einer steuerfreien Reiseleistung erbracht werden, bleibt der Vorsteuerabzug nach § 15 Abs. 3 Nr. 1 Buchstabe a UStG bestehen. Dies ist zum Beispiel der Fall, wenn die Reisevorleistungen im

---

[106] Vgl. Huschens, in: Steuer Office Gold, § 25 UStG, HI863196.
[107] Vgl. Abschnitt 25.3 Abs. 5 UStAE.
[108] Vgl. Abschnitt 25.3 Abs. 6 UStAE.

Drittland bewirkt werden. Bei Vorsteuerbeträgen, welche nicht für Reisevorleistungen in Rechnung gestellt wurden und geschuldet werden, gelten die allgemeinen Regeln des Vorsteuerabzugs gem. § 25 Abs. 4 Satz 2 i.V.m. § 15 UStG.[109] Hierunter fallen solche Vorsteuerbeträge aus Leistungen, die dem Reisenden nur mittelbar zugutekommen, wie beispielsweise für die Reparatur des Reisebusses oder aus dem laufenden Geschäftsbetrieb des Reiseunternehmers zum Erwerb von Einrichtungsgegenständen, Büromaterial oder auch für Miete und Strom.[110]

Abbildung 4: Berechtigung des Vorsteuerabzugs bei ausgewählten Sachverhalten

Sachverhalt	Vorsteuerabzug
Leistungen Dritter, welche dem Reisenden unmittelbar zugutekommen	nein, § 25 Abs. 4 Satz 1 UStG
Dem Unternehmen in Rechnung gestellte Umsatzsteuer für andere Leistungen	unter den Voraussetzungen des § 15 UStG – ja
Leistungen stehen im Zusammenhang mit der Reise, kommen dem Reisenden nur mittelbar zugute (z.B. Prospekte, Kataloge, usw.)	unter den Voraussetzungen des § 15 UStG – ja
Unternehmer ist nicht im Inland ansässig, aber Inanspruchnahme von inländischen Reisevorleistungen	nein
Ausgaben für allgemeine Verwaltungskosten, Verwaltungsgebäude (z.B. Büromaterial, -ausstattung)	unter den Voraussetzungen des § 15 UStG – ja

Quelle: eigene Darstellung

Für die Prüfung des Vorsteuerabzugs im Zusammenhang mit steuerfreien Reiseleistungen ist folgendes festzuhalten: Eine Reiseleistung ist steuerfrei, wie bereits in Kapitel 5.2 näher erläutert, wenn die ihr zuzurechnenden Reisevorleistungen im Drittlandsgebiet erbracht werden, § 25 Abs. 2 Satz 1 UStG. Gemäß § 15 Abs. 1 Satz 1 Nr. 1 UStG ist für den Vorsteuerabzug Voraussetzung, dass für Lieferungen oder sonstige Leistungen eine gesetzlich geschuldete Steuer entstanden ist, welche von einem anderen Unternehmer für sein Unternehmen ausgeführt worden sind. Eine ordnungsgemäße Rechnung stellt hierbei die Eingangsvoraussetzung dar.

---

[109] Vgl. Stadie in: Umsatzsteuergesetz, 2020, § 25 UStG Rn. 37.
[110] Vgl. Abschnitt 25.4 UStAE.

Demnach wäre in den meisten Fällen ein Vorsteuerabzug möglich. Vom Vorsteuerabzug ausgeschlossen sind nach § 15 Abs. 2 Satz 1 Nr. 1 UStG steuerfreie Umsätze. Bei der Bewirkung
der Reisevorleistungen im Drittland liegt eine solche steuerfreie sonstige Leistung und damit
ein vorsteuerabzugsschädlicher Umsatz unzweifelhaft vor. Folglich ist die Vorsteuer für diesen
Umsatz nicht abziehbar.[111] § 15 Abs. 3 UStG nimmt einen Ausschluss vom Ausschluss vor.
Somit kann für eine nach§ 25 Abs. 2 UStG steuerfreie sonstige Leistungen doch nach § 15 Abs.
3 Nr. 1 Buchstabe a UStG die Vorsteuer gezogen werden.[112]

5.6 Aufzeichnungspflichten und Nachweise

Gem. § 72 UStDV soll ein besonderer buchmäßiger Nachweis bei steuerfreien Reiseleistungen
geführt werden, mit dem Hinweis, dass § 13 Abs. 1 UStDV bei Leistungen nach § 25 Abs. 2
UStG anzuwenden ist. Bei diesen Leistungen handelt es sich um ganz oder teilweise steuerfreie
Leistungen. Zudem soll der Unternehmer gem. § 72 Abs. 3 UStDV Aufzeichnungen über die
Steuerfreiheit, den Tag, die in diesem Zusammenhang in Anspruch genommenen Reisevorleistungen und deren Beträge machen. Ergänzend hierzu hat er den vom Leistungsempfänger aufgewendeten Betrag und die Bemessungsgrundlage darzulegen. § 72 UStDV ist eine Sollvorschrift, was bedeutet, dass der Nachweis auch durch andere geeignete Weise geführt werden
kann.[113]

Aber auch gem. § 25 Abs. 5 UStG hat der Unternehmer neben den allgemeinen Aufzeichnungspflichten nach § 22 UStG besondere Aufzeichnungen zu führen. So muss ein Unternehmer für
die Fälle, in denen keine Reiseleistung vorliegt, lediglich die Aufzeichnungspflichten des § 22
UStG erfüllen. Das bedeutet, dass der Unternehmer die verschiedenen Leistungen gegeneinan-
der abgrenzen muss. Bei den Pflichten nach § 25 Abs. 5 UStG muss demnach der Reisepreis,
die aufgewendeten Beträge für die Reisevorleistungen und die jeweilige Marge ersichtlich sein.
Zusätzlich muss der Reisepreis und die für Reisevorleistungen aufgewendeten Beträge in steuerfreie und steuerpflichtige Umsätze aufgeteilt werden.[114] Nach § 25 Abs. 2 Sätze 2, 3 UStG
hat der Unternehmer einen Nachweis über die Steuerbefreiung zu führen. Zudem sind für die

---

[111] Vgl. Kies, in: Fritsch/Huschens/Koisiak/Langer, UStG – eKommentar, 2021, § 15 UStG Rn. 172.
[112] Vgl. Abschnitt 25.4 UStAE.
[113] Vgl. Henseler, in: Lexikon des Steuerrechts, Reiseleistungen, Rn. 42.2.
[114] Vgl. Abschnitt 25.5 Abs. 3 UStAE.

abzugsfähigen Vorsteuerbeträge nach § 25 Abs. 4 Satz 2 UStG die allgemeinen Aufzeichnungs-pflichten nach § 22 UStG zu beachten. Hier sind Angaben über die vereinbarten bzw. verein-nahmten Entgelte sowohl beim Leistungsempfänger als auch beim Leistenden zu machen. Die Aufzeichnungspflichten in § 25 Abs. 5 UStG sind verpflichtend, wohingegen die Nachweise gem. § 72 UStDV nur durch eine Sollvorschrift geregelt sind.[115]

Abbildung 5: Übersicht über die Aufzeichnungspflichten

Sachverhalt	Aufzeichnung
Erbringung von Reiseleistungen nach § 25 Abs. 1 Satz 1 UStG und andere Leistungen	Es muss eine Abgrenzung erfolgen, bei welcher die übrigen Umsätze ermittelbar sein müssen
Erbringung von steuerfreien und steuerpflichtigen Reiseleistungen	Es muss eine Abgrenzung erfolgen, hierbei müssen die beiden Umsatzarten getrennt voneinander aufgezeichnet werden
Einzelaufzeichnungspflichten § 25 Abs. 5 UStG	1. Betrag, den der Leistungsempfänger für die Leistung aufwendet 2. Beträge, die der Unternehmer für die Reisevorleistung aufwendet 3. Bemessungsgrundlage nach § 25 Abs. 3 UStG 4. Abgrenzung der steuerfreien und steuerpflichtigen Umsätze der Nr. 1 und Nr. 2 und deren Bemessungsgrundlage

Quelle: Eigene Darstellung

Bei der Aufzeichnung nach § 25 Abs. 5 Nr. 1 UStG ist darauf zu achten, dass sowohl Preismin-derungen als auch Preiserhöhungen für jede einzelne Reiseleistung erfasst werden müssen.[116] Dies ist auch der Fall, wenn die Bemessungsgrundlage nach § 25 Abs. 3 Satz 3 UStG als Grup-pen- oder Gesamtmarge ermittelt wurde.[117] Eine Ausnahme gilt, wenn der Unternehmer an ei-nen Leistungsempfänger mehrere Reiseleistungen ausführt. Hier ist es ausreichend, wenn der Gesamtpreis aufgezeichnet wird.[118] Bei der Ausführung von gemischten Reisen muss der Un-

---

[115] Vgl. Wenzel, in: Rau/Dürrwächter, UStG, 2005, § 25 UStG, Rn. 151.
[116] Vgl. Schüler-Täsch, in: Sölch/Ringleb, UStG, 2020, § 25 UStG Rn. 251.
[117] Vgl. Schüler-Täsch, in: Sölch/Ringleb, UStG, 2020, § 25 UStG Rn. 252.
[118] Vgl. Abschnitt 25.5 Abs. 5 Satz 3 UStAE.

ternehmer darauf achten, dass er die Umsätze getrennt aufzeichnet. Hier ist zwischen den Umsätzen zu unterscheiden, welche aus Leistungen bestehen, die aus eigenen Mitteln erbracht wurden und demnach der allgemeinen Besteuerung des Umsatzsteuergesetzes unterliegen und zwischen den Reiseleistungen, welche unter die Sonderregelung des § 25 UStG fallen.

Abbildung 6: Aufzeichnungspflicht nach § 25 Abs. 5 Nr. 1 UStG

Sachverhalt	Aufzeichnung
Allgemeiner Grundsatz	Für Reiseleistungen vereinbarter Preis inkl. USt, Preisminderungen oder -erhöhungen für jede einzelne Reiseleistung
Vereinfachung: Mehrere Reiseleistungen an einen Leistungsempfänger	Gesamtpreis der Reiseleistung
Ausführung gemischter Reiseleistungen, Erbringung eines Teils mit eigenen Mitteln	Getrennte Aufzeichnung bzw. Ermittlung der Umsätze, welche nach den allgemeinen Grundsätzen des UStG versteuert werden und welche nach der Sonderregelung

Quelle: Eigene Darstellung

Gemäß § 25 Abs. 5 Nr. 2 UStG sind die vereinbarten und berechneten Entgelte für Reisevorleistungen aufzuzeichnen. Auch wenn Änderungen vorgenommen werden, sind diese in den Aufzeichnungen festzuhalten. Liegen steuerbare Leistungen vor, welche nach den Regelungen des § 25 UStG steuerpflichtig und steuerfrei sind, sind diese bei der Aufzeichnung deutlich voneinander zu trennen. Wird eine Reisevorleistung für mehrere Reisen verwendet, dann muss die Zuordnung zu den einzelnen Reisen ersichtlich sein. Ermittelt ein Reiseunternehmer für die Reiseleistungen in einem Besteuerungszeitraum für Gruppen von Leistungen oder für die gesamten Leistungen, muss er die Reisevorleistung nicht den einzelnen Reisen zuordnen.[119]

Abbildung 7: Aufzeichnungspflicht nach § 25 Abs. 5 Nr. 2 UStG

Sachverhalt	Aufzeichnung
Allgemeiner Grundsatz	Vereinbarte oder berechnete Entgelte für Reisevorleistungen sind aufzuzeichnen
Teilweise Steuerfreiheit der Reisevorleistungen	Abgrenzung bei der Aufzeichnung

---

[119] Vgl. Abschnitt 25.5 Abs. 7-10 UStAE.

Reisevorleistung wird für mehrere Reisen erbracht	Zuordnung zu den einzelnen Reisen
Ermittlung der Reiseleistung nach § 25 Abs. 3 Satz 3 UStG	Reisevorleistungen für diese Gruppen müssen aus den übrigen Aufzeichnungen ersichtlich sein

Quelle: Eigene Darstellung

Bei den Aufzeichnungspflichten nach § 25 Abs. 5 Nr. 3 UStG sind bei Reisen, welche aus steuerfreien und auch steuerpflichtigen Leistungen bestehen, getrennte Aufzeichnungen vorzunehmen. Hieraus müssen die Bemessungsgrundlagen erkennbar sein. Grundsätzlich ist für jede einzelne Reise die Bemessungsgrundlage zu ermitteln und aufzuzeichnen. Doch auch hier greift die Ausnahme für die Ermittlung der Steuerbemessungsgrundlage als Gruppen- oder Gesamtmarge, für welche die Aufzeichnung des Gesamtbetrags für den Besteuerungszeitraum ausreichend ist. Ergibt sich bei der Bemessungsgrundlage eine Änderung in Form einer Erhöhung oder Verringerung, ist dies festzuhalten, nicht jedoch die berichtigte Bemessungsgrundlage.[120]

Abbildung 8: Aufzeichnungspflicht nach § 25 Abs. 5 Nr. 3 UStG

Sachverhalt	Aufzeichnung
Reisen bestehen aus steuerfreien und steuerpflichtigen Leistungen	Getrennte Aufzeichnungen der Bemessungsgrundlagen
Einzelne Reisen	Aufzeichnung der Bemessungsgrundlage für jede einzelne Reise
Gruppen- oder Gesamtmarge § 25 Abs. 3 Satz 3 UStG	Aufzeichnung des Gesamtbetrags
Änderung der jeweiligen Bemessungsgrundlage	Aufzeichnung von Erhöhungen oder Verringerungen

Quelle: Eigene Darstellung

Die Vereinfachungen der Aufzeichnungspflichten in Bezug auf die Ermittlung der Bemessungsgrundlage nach der Gruppen- oder Gesamtmarge i.S. des § 25 Abs. 3 Satz 3 UStG ist jedoch durch dessen Wegfall zum 01.01.2022 nicht mehr vorgesehen.[121]

Gem. § 25 Abs. 5 Nr. 4 UStG muss in den Aufzeichnungen die Verteilung auf steuerfreie und steuerpflichtige Leistungen deutlich hervorgehen. Diese Pflicht kann der Unternehmer erfüllen,

---

[120] Vgl. Abschnitt 25.5 Abs. 11-13 UStAE.
[121] Vgl. analog § 27 Abs. 26 UStG.

indem er getrennte Aufzeichnungen über die steuerfreien und steuerpflichtigen Leistungen führt.[122]

5.7 Besteuerungsverfahren

5.7.1 Kleinunternehmer

Bei Kleinunternehmern wird die Steuer nach § 19 UStG nicht erhoben, wenn der Umsatz zzgl. Steuer im vorangegangenen Kalenderjahr 17.500 €, ab dem 01.01.2020 22.000 €, nicht überstiegen hat und im laufenden Kalenderjahr 50.000 € voraussichtlich nicht übersteigen wird. Der Zweck dieser Regelung ist es, Unternehmer mit geringen Jahresumsätzen zur Entlastung der Finanzverwaltung und zur Reduzierung des administrativen Aufwands innerhalb des Unternehmens, von der Pflicht zur regelmäßigen Ermittlung, Anmeldung und Abführung der Umsatzsteuer zu befreien.[123]

Seit dem Jahr 2010 ist bei Anwendung der Sonderregelungen für die Besteuerung von Reiseleistungen nach § 25 UStG und für die Differenzbesteuerung nach § 25a UStG für die Ermittlung des Gesamtumsatzes nach § 19 Abs. 3 UStG nicht mehr auf den Differenzbetrag nach § 25 Abs. 3 UStG bzw. § 25a Abs. 3 UStG abzustellen, sondern auf die tatsächlich vereinnahmten Entgelte.[124] Das EuGH-Verfahren betraf die Frage, ob diese Rechtsauffassung zutreffend ist.[125] Der Kläger führte im Rahmen seiner Tätigkeit als Gebrauchtwagenhändler im Streitjahr 2010 Umsätze aus, die der Differenzbesteuerung gemäß § 25a UStG unterlagen. Die Umsätze ermittelte er nicht anhand der tatsächlich vereinnahmten Entgelte, sondern nach der Handelsspanne - der Marge. In der eingereichten USt-Jahreserklärung für das Jahr 2010 ging der Kläger davon aus, dass er aufgrund der Einhaltung der maßgeblichen Vorjahresgrenze des § 19 Abs. 1 Satz 1 UStG von 17.500 € im Folgejahr 2010 die Kleinunternehmerregelung anwenden kann. Das Finanzamt versagte dies aber unter Hinweis auf die Regelung in Abschnitt 19.3 Abs. 1 Satz 5 UStAE und legte die tatsächlich vereinnahmten Entgelte der

---

[122] Vgl. Schüler-Täsch, in: Sölch/Ringleb, UStG, 2020, § 25 UStG Rn. 252.
[123] Vgl. Stadie, in: Rau/Dürrwächter, UStG, 2021, § 19 UStG Rn. 2.
[124] Vgl. BMF-Schreiben vom 16.06.2009, BStBl. I 2009, S. 755.
[125] Vgl. EuGH vom 29.07.2019, C-388/18, (B (Chiffre d'affaires du revendeur de véhicules d'occasion)).

Umsatzbesteuerung zu Grunde. Der hiergegen eingelegte Einspruch des Klägers blieb ohne Erfolg. Das Finanzgericht gab der im Anschluss erhobenen Klage statt.[126]

Im Revisionsverfahren hat der BFH mit Beschluss vom 07.02.2018[127] ein Vorabentscheidungsersuchen an den EuGH gerichtet, da er Zweifel an der Auslegung des Art. 288 Satz 1 Nr. 1 MwStSystRL hatte, der den Begriff des Umsatzes unionsrechtlich definiert. Mit oben genannten Urteil vom 29.07.2019 hat der EuGH entschieden, dass für die Frage der Anwendbarkeit der Kleinunternehmerregelung auf den Gesamtbetrag der Entgelte der vom Wiederverkäufer ausgeführten Lieferungen und nicht auf die Handelsspanne abzustellen ist. Damit bestätigt der EuGH die deutsche Verwaltungsauffassung.

Seine Entscheidung hat der EuGH u.a. wie folgt begründet. Nach Art. 288 Abs. 1 Nr. 1 MwStSystRL setzt sich der Umsatz, welcher bei der Anwendung der Sonderregelung für Kleinunternehmen zugrunde zu legen ist, aus dem Betrag ohne Mehrwertsteuer der Lieferungen von Gegenständen und Dienstleistungen zusammen, soweit diese besteuert werden. Hierzu stellt der EuGH fest, dass sich das Wort „besteuert" nicht auf das Wort „Betrag", sondern auf „Lieferungen" oder „Leistungen" bezieht.[128] Nach dem Wortlaut der Bestimmung müssen demnach Lieferungen oder Leistungen als solche besteuert werden, damit ihr Betrag in den Umsatz des Steuerpflichtigen einbezogen wird. Nähere Angaben dazu, nach welchen konkreten Modalitäten diese Leistungen zu besteuern sind, enthält die Vorschrift nicht.[129]

Nach den Ausführungen des EuGH ist entscheidend, dass die vom Wiederverkäufer ausgeführten Lieferungen besteuert werden, wenn auch nach einer Sonderregelung. Dem Wortlaut der Bestimmung ist nicht zu entnehmen, dass die Lieferungen oder Leistungen in jedem Fall vollständig besteuert werden müssen. Deshalb impliziert nach Auffassung des EuGH eine wörtliche Auslegung von Art. 288 Abs. 1 Nr. 1 MwStSystRL, dass der Gesamtbetrag der ausgeführten Lieferungen und nicht deren Handelsspanne den Umsatz darstellt, der für die Anwendbarkeit der Sonderregelung für Kleinunternehmen zugrunde zu legen ist.

---

[126] Vgl. BFH vom 23.10.2019, XI R 17/19 (XI R 7/16), BFHE 267, S. 154, Rn. 5.
[127] Vgl. BFH vom 07.02.2018, XI R 7/16, UR 2018, S. 530.
[128] Vgl. BFH vom 23.10.2019, XI R 17/19 (XI R 7/16), BFHE 267, S. 154, Rn. 21.
[129] Vgl. EuGH vom 29.07.2019, C-388/18, (B (Chiffre d'affaires du revendeur de véhicules d'occasion)), Rn. 32.

Diese Auslegung wird nach den weiteren Ausführungen des EuGH durch die Systematik, die Entstehungsgeschichte und die Zielsetzung der Mehrwertsteuerrichtlinie erwiesen. In Bezug auf die Systematik ist darauf hinzuweisen, dass die Sonderregelung für Kleinunternehmen und die Sonderregelung für Reiseleistungen zwei voneinander unabhängige selbständige Bestimmungen sind.

In Bezug auf das Ziel des § 19 UStG für Kleinunternehmen hat der EuGH bereits in der Vergangenheit entschieden, dass er die Anforderungen an die Buchführung für Kleinunternehmer herabsetzen möchte[130], wobei dies insbesondere die Gründung und Tätigkeit von Kleinunternehmen fördern und deren Wettbewerbsfähigkeit stärken soll[131]. Durch die Sonderregelung für Kleinunternehmen soll nicht die Wettbewerbsfähigkeit großer Unternehmen gestärkt werden. Würde nur die Marge bei der Ermittlung des Umsatzes für die Anwendung dieser Sonderregelung berücksichtigt werden, könnten Unternehmen, welche einen hohen Umsatz erzielen, jedoch eine geringe Handelsspanne haben, unter die Sonderregelung des § 25 UStG fallen und dadurch einen erheblichen Wettbewerbsvorteil erlangen.

Eine Besteuerung ist nach den genannten Umständen nur vorzunehmen, wenn der im Inland ansässige Unternehmer den Gesamtumsatz nach § 19 Abs. 3 UStG von 22.000 €[132] im vorausgegangenen Kalenderjahr überschritten hat, bzw. im laufenden Kalenderjahr 50.000 € voraussichtlich überschreiten wird oder nach § 19 Abs. 2 UStG auf die Anwendung der Kleinunternehmerregelung des § 19 Abs. 1 UStG verzichtet. Für die Ermittlung des Gesamtumsatzes nach § 19 Abs. 3 UStG ist wie oben dargestellt auf die vereinnahmten Entgelte und nicht auf den Differenzbetrag nach § 25 Abs. 3 UStG abzustellen.[133]

5.7.2 Steuersatz

Reiseleistungen i.S. des Art. 306. MwStSystRL unterliegen nicht dem ermäßigten Steuersatz und sind somit mit dem allgemeinen Steuersatz zu besteuern. Gem. Art. 307 MwStSystRL han-

---

[130] Vgl. EuGH vom 06.10.2005, C-291/03 (MyTravel), UR 2005, S. 685.
[131] Vgl. EuGH vom 26.10.2010, C-97/09 (Schmelz), UR 2011, S. 32 und vom 02.05.2019, C-265/18 (Jarmuškienė), UR 2019, S. 511.
[132] Geändert durch Gesetz vom 22.11.2019, BGBl. I S. 1746, mit Wirkung vom 01.01.2020.
[133] Vgl. EuGH vom 29.07.2019, C-388/18, (B (Chiffre d'affaires du revendeur de véhicules d'occasion)), Rn. 44.

delt es sich um eine einheitliche Leistung. Dies bedeutet, dass nicht jede einzelne damit zusammenhängende Leistung an sich zu beurteilen ist. So hat auch der EuGH in seinem Urteil vom 19.12.2018 entschieden.[134] Nach Art. 98 Abs. 2 MwStSystRL ist der ermäßigte Steuersatz nur auf Lieferungen von Gegenständen oder auf die in Anhang III MwStSystRL aufgeführten sonstigen Leistungen anzuwenden. Da die einheitliche Dienstleistung dort jedoch nicht aufgeführt ist, ist die Anwendung des ermäßigten Steuersatzes nicht möglich.

So kann folglich auch für Leistungen, welche der Besteuerung nach § 25 UStG unterliegen, der ermäßigte Steuersatz nicht angewendet werden, da sie nicht im Katalog der Steuersatzermäßigungen des § 12 Abs. 2 UStG aufgeführt sind. Gem. § 25 Abs. 1 Satz 3 UStG liegt auch nach nationalem Recht eine einheitliche sonstige Leistung vor, welche nicht in ihre einzelnen Leistungen aufgeteilt und einzeln besteuert werden kann. In § 25 UStG sind die Besonderheiten der Margenbesteuerung für Reisebüros geregelt, welche sich hauptsächlich auf die Bemessungsgrundlage, die Bestimmung der Leistung und des Leistungsorts, die Steuerbarkeit und die Steuerpflicht, beziehen. Aufgrund dessen besteht für die Anwendung des Steuersatzes die Regeln der Entgeltbesteuerung.

Die einheitliche Reiseleistung unterliegt sowohl nach den unionsrechtlichen als auch nach den nationalen Vorschriften, dem allgemeinen Steuersatz von 19% gem. § 12 Abs. 1 UStG, auch wenn sie nur aus der Überlassung der Unterkunft besteht.[135] Eine Anwendung des ermäßigten Steuersatzes für Beherbergungsleistungen nach Art. 98 Abs. 2 MwStSystRL und § 12 Abs. 2 Nr. 11 UStG ist damit ausgeschlossen.[136]

5.7.3 Rechnung

Auch in Fällen der Besteuerung von Reiseleistungen gilt § 14 UStG bezüglich der allgemeinen Regeln der Rechnungstellung, welche die Pflichtangaben gem. § 14 Abs. 4 UStG enthalten muss. Dies sind der Name und die vollständige Anschrift des Leistungsempfängers und des leistenden Unternehmers, sowie dessen Umsatzsteuer-Identifikationsnummer. Ebenfalls muss das Ausstellungsdatum und die Rechnungsnummer vermerkt sein. Es muss erkenntlich sein,

---

[134] Vgl. EuGH vom 19.12.2018, C-552/17, (Alpenchalets Resorts GmbH), UR 2019 S. 74-75 Rn. 35.
[135] Vgl. Huschens, in: Steuer Office Gold, HI12512735, 2019, Reiseleistung, Beherbergungsleistung, Ermäßigter Steuersatz, Vermietung einer Ferienwohnung als Reiseleistung.
[136] Vgl. EuGH vom 19.12.2018, C-552/17, (Alpenchalets Resorts GmbH), UR 2019 S. 74-75 Rn. 40, 41.

welche Art von Leistung erbracht wurde inklusive der dazugehörigen näheren Beschreibung, wie Art und Menge, und der Zeitpunkt der Leistungserbringung.

Da es sich bei der Besteuerung jedoch um eine Sondervorschrift handelt, sind gem. § 14a UStG weitere Angaben in der Rechnung notwendig, beziehungsweise Ausnahmen zu machen. So müssen Rechnungen die für Leistungen des § 25 UStG ausgestellt werden gem. § 14a Abs. 6 Satz 1 UStG zusätzlich die Angabe „Sonderregelung für Reisebüros" enthalten.[137] Die auf die Differenz (Marge) entfallende Umsatzsteuer darf gem. §14a Abs. 6 Satz 2 UStG in der Rechnung nicht gesondert ausgewiesen werden und kann daher auch vom unternehmerischen Leistungsempfänger nicht als Vorsteuer abgezogen werden.

5.7.4 Leistungszeitpunkt

Für die Bestimmung des Leistungszeitpunkts sieht die Sonderregelung des § 25 UStG keine vom allgemeinen Besteuerungsverfahren abweichende Regelung vor. Die Steuer für Lieferungen und sonstigen Leistungen bei der Berechnung der Steuer nach vereinbarten Entgelten entsteht gem. § 13 Abs. 1 Nr. 1 Buchstabe a Satz 1 UStG mit Ablauf des Voranmeldungszeitraums i.S. des § 18 Abs. 2 und 2a UStG, in dem die Leistungen ausgeführt worden sind. Reiseleistungen gelten als ausgeführt, wenn der Reisende von der Reise zurückgekehrt ist.[138] Bei Anzahlungen hingegen entsteht die Steuer gem. Art. 65 MwStSystRL mit der Vereinnahmung der Anzahlung, wenn die Reiseleistung zu diesem Zeitpunkt genau bestimmt ist und die Zahlung einer bestimmten Reise zuzuordnen ist.

---

[137] Vgl. Leonard/Robisch, in: Bunjes/Leonard/Robisch, UStG, § 25 UStG Rn. 54.
[138] Vgl. Püschner, in: Reiß/Kraeusel/Langer, UStG, § 25 UStG Rn. 182.

6. Beispielhafte Auswirkung der Anwendung der Kundenmaxime im Vergleich zur Reisendenmaxime bei Kettengeschäften

6.1 Kettengeschäft

6.1.1 Ausgangsfall

Ein Kettengeschäft, welches unter die Anwendung der Sondervorschrift des § 25 UStG fällt, liegt vor, wenn ein inländischer Reiseunternehmer nicht einzelne Reiseleistungen, sondern die Reise als sogenanntes Leistungsbündel von einem anderen Reiseunternehmer erwirbt. Der leistende Reiseunternehmer wird auch Paketveranstalter oder Paketer genannt. Seit dem 18.12.2019 entfällt die Aufteilung von Reisepaketen in ihre Einzelleistungen.[139]

Ausgangsfall:

Unternehmer H vermietet eine Ferienwohnung an das Reisebüro A. Das Reisebüro A wiederrum vermietet diese an das Reisebüro B weiter. B vermietet es dann an den Reisenden R. Der Reisende R soll eine Privatperson sein. A mietet die Ferienwohnungen bei H für netto 5.000€ und nimmt bei der Weitervermietung an B einen Gewinnaufschlag in Höhe von 1.000€ vor. Auch B möchte bei der Vermietung an den R einen Gewinnaufschlag von 1.000€ erzielen. Alle Beteiligten und Grundstücke befinden sich im Inland.

6.1.2 Lösung bei der Anwendung der Regelung bis zum 17.12.2019

Auswirkungen bei Unternehmer H:

H erbringt im vorliegenden Fall Eigenleistungen. Diese fallen, wie bereits in Kapitel 5.2.6 erläutert, nicht in den Anwendungsbereich des § 25 UStG. Die Vermietungsumsätze von H an A sind steuerbar gem. § 1 Abs. 1 Nr. 1 i.V.m. § 3 Abs. 9 UStG. Der Ort richtet sich nach § 3a Abs. 3 Nr. 1 Satz 2 Buchstabe a UStG, welcher im oben genannten Fall im Inland liegen soll. Seine Leistung ist nach § 4 Nr. 12 Satz 2 UStG nicht von der Steuer befreit, da es sich um eine

---

[139] Vgl. Wolf, in: Weymüller, BeckOK UStG, 2021, § 25 UStG, Rn. 73.

kurzfristige Vermietung handelt, und damit ist sie steuerpflichtig. Der Steuersatz bestimmt sich nach § 12 Abs. 2 Nr. 11 UStG und beträgt 7%. Hieraus ergibt sich ein Gesamtpreis von 5.350€.

Auswirkungen bei Reisebüro A:

Da nach der bisherigen Rechtsprechung die Sonderregelung des § 25 UStG nur auf Leistungen im B2C-Bereich Anwendung fand, tätigt A an B keine Reiseleistung, da es sich um zwei Unternehmer handelt. A kann die Vorsteuer in Höhe von 530€ abziehen, welche in der Rechnung des H ausgewiesenen ist und ist folglich nur mit 5.000€ belastet. Durch den Gewinnaufschlag von 1.000€ auf die Bemessungsgrundlage ergibt sich nach Anwendung des Steuersatzes von 7% auf kurzfristige Vermietungsleistungen ein Gesamtbetrag von 6.420€.

Auswirkungen bei Reisebüro B:

B tätigt im Gegensatz zu A und H Reiseleistungen im Sinne des § 25 UStG, da er Reisevorleistungen von A in Anspruch nimmt, in eigenem Namen handelt, Unternehmer ist und die Leistung an eine Privatperson erbringt. Hierdurch hat B aus der Rechnung des A keinen Vorsteuerabzug gem. § 25 Abs. 4 Satz 1 UStG und ist mit den vollen 6.420€ belastet. Da auch B einen Gewinnaufschlag von 1.000€ vornehmen möchte, muss er den Reisepreis inkl. der Umsatzsteuer berechnen. Denn B versteuert nach § 25 Abs. 3 UStG die Marge der Leistung. Hierbei ist zu beachten, dass der Steuersatz nicht bei 7% liegt, sondern einheitlich ein Steuersatz von 19% gem. § 12 Abs. 1 UStG anzuwenden ist. Es ergibt sich dadurch ein Gewinnaufschlag in Höhe von 1.000€ + 190€ Umsatzsteuer. Nach Abzug der Kosten für die Reisevorleistungen und der Umsatzsteuer vom Reisepreis ergibt sich der erzielte Gewinnaufschlag von 1.000€. Der Reisende R hat folglich einen Preis von 7.610€ für die Reise zu zahlen.

6.1.3 Lösung bei der Anwendung der Regelung ab dem 18.12.2019

Auswirkungen bei Unternehmer H:

Es ergibt sich im Vergleich zur Altregelung keine andere Lösung.

Auswirkungen bei Reisebüro A:

Aufgrund der Ausweitung auf den B2B-Bereich durch die Neuregelung erbringt auch A eine Reiseleistung an B. Dem A fällt daher der Vorsteuerabzug aus der Rechnung des H weg, wodurch er mit den vollen 5.350€ belastet ist. Um trotzdem den gewünschten Gewinnaufschlag von 1.000€ erzielen zu können, muss er aufgrund der Besteuerung nach § 25 Abs. 3 UStG die Umsatzsteuer in den Reisepreis inkludieren. Es ergibt sich dadurch ein Reisepreis in Höhe von 6.540€. Nach Abzug der Reisevorleistungen beträgt die Marge 1.190€, worin 19% Umsatzsteuer enthalten sind. Diese mindern die Marge zusätzlich und es verbleibt der zu versteuernde Gewinnaufschlag von 1.000€.

Auswirkungen bei Reisebüro B:

Bei B ergeben sich rechtlich keine Veränderungen zur Altfallregelung. Einzige Änderung ist die Erhöhung des Reisepreises für den Reisenden R, da auch B kein Vorsteuerabzug aus der Leistung von A hat. Aufgrund dessen nimmt er den Brutto-Gewinnaufschlag auf den Reisepreis von 6.540€ vor. Somit hat B die Reise an R mit einem Preis von 7.730€ anzubieten und ver-steuert ebenfalls, wie nach der bisherigen Rechtsprechung, nur seinen Gewinnaufschlag in Höhe von 1.000€.

6.1.4 Auswertung

Das aufgeführte Beispiel und die damit zusammenhängenden Lösungen stellen deutlich dar, dass die Reiseleistungen durch die Neuregelung teurer werden. Dies geht zu Lasten des Rei-senden. Mit Anwendung der Altregelung hat R einen Reisepreis von 7.610€ an B bezahlt. Durch die Neuregelung hat er einen Preis von 7.730€ zu begleichen. Dies liegt an der Tatsache, dass das Reisebüro A seit dem 18.12.2019 keinen Vorsteuerabzug aus der Reisevorleistung geltend machen kann und sich dadurch die Reiseleistung das erste Mal erhöht hat, da A trotzdem einen Gewinnaufschlag von 1.000€ erzielen wollte. Hier wird auch das Problem der Offenlegung der Marge in der Rechnung gegenüber dem Kunden deutlich, welches die Bundesrepublik Deutsch-land im Vertragsverletzungsverfahren mit EuGH-Urteil vom 08.02.2018 angesprochen hat.[140]

---

[140] Vgl. EuGH vom 08.02.2018, C-380/16, (Kommission/Deutschland), Rn. 32.

7. Denkbare Anwendungsfälle im B2B-Bereich und Möglichkeiten zur Vermeidung der Kostensteigerung für den Einkauf von Reisen über das Firmenreisebüro

7.1 Anwendungsfall

Die Anwendung bis zum 17.12.2019 beschränkte sich auf B2C-Fälle. Ab dem 18.12.2019 wird die Sonderregelung angewendet, wenn Reisevorleistungen im eigenen Namen eingekauft und anschließend weiterverkauft werden bzw. eine Weiterbelastung stattfindet. Den Regelungen entsprechend wird die Marge nach § 25 Abs. 1 Satz 4 i.V.m. § 3a Abs. 1 UStG am Ort des Unternehmens mit einem Steuersatz von 19% gem. § 12 Abs. 1 UStG besteuert. Ein Vorsteuerabzug aus den Reisevorleistungen ist nicht gegeben.[141] Seit der Ausweitung des § 25 UStG auf B2B-Fälle durch das Jahressteuergesetz 2019[142] besteht zwischen der Regel- und Margenbesteuerung kein Wahlrecht mehr. § 25 UStG ist, sobald die Tatbestandsmerkmale erfüllt sind, zwingend anzuwenden.[143]

Mögliche Fälle im B2B-Bereich sind zum einen gegeben, wenn Reiseleistungen für Geschäftsreisen über das firmeneigene Reisebüro zentral eingekauft werden. Zum anderen bei internen Firmenevents oder Schulungen inkl. Übernachtung mit anschließender Kostenweiterbelastung. Hierunter fällt beispielsweise ein Meeting in Deutschland, zu welchem alle Logistikmitarbeiter von weltweiten Tochtergesellschaften zusammenkommen und anschließend eine Übernachtung im Hotel organisiert wird. Die GmbH bucht Hotels, Transporte oder Catering und belastet die Tochtergesellschaften mit den Kosten aus Verrechnungspreisgründen weiter.

Ebenfalls unter den Anwendungsbereich des § 25 UStG fallen Kostenweiterbelastungen an die Tochtergesellschaft im MICE-Bereich[144], welcher Meetings, Incentive, Conference und Events abdeckt.[145] Hier ist beispielhaft eine Messe inkl. einer Übernachtungsleistung zu nennen, zu welcher wichtige Kunden der weltweiten Tochtergesellschaften eingeladen werden. Auch hier

---

[141] Vgl. § 25 Abs. 4 UStG.
[142] Vgl. Gesetzes zur weiteren steuerlichen Förderung der Elektromobilität und zur Änderung weiterer steuerlicher Vorschriften vom 12.12.2019, BGBl I 19, S. 2451.
[143] Vgl. BMF vom 30.11.2020, III C 2-S 7419/19/10001:001, UR 2021, S. 88.
[144] MICE = Meetings Incentives Conventions Exhibitions bzw. Events.
[145] Vgl. Rauch, in: Offerhaus/Söhn/Lange, Umsatzsteuer, 2020, § 25 UStG Rn. 27b.

würde die Muttergesellschaft die Buchung der Hotels, das Catering oder das kulturelle Programm übernehmen und anschließend die Kosten ebenfalls aus Verrechnungspreisgründen weiter an die ausländischen Tochtergesellschaften belasten. Seit dem 18.12.2019 muss man bei MICE-Leistungen Unterscheidungen zwischen Reiseleistungen, Eigenleistungen, reinen Veranstaltungsleistungen und Kombinationen aus den genannten Leistungen treffen. Denn reine Veranstaltungsleistungen, wie die Vermietung von Standflächen auf einer Messe oder das Mieten von Tagungsräumen in Hotels, stellen reine Veranstaltungsleistungen dar.[146] Sofern eine Veranstaltungsleistung im Zusammenhang mit einer Übernachtungsleistung erbracht wird, sind die Voraussetzungen des § 25 Abs. 1 UStG erfüllt und es handelt sich um eine einheitliche Reiseleistung.[147] Ebenfalls können gemischte Reisen vorliegen, bei welchen die Abgrenzung zwischen Eigenleistung und Reiseleistung für die Besteuerung der Umsätze von Bedeutung ist.

Wenn also die deutsche GmbH für das Firmenevent Reisevorleistungen, wie Übernachtungsleistungen i.H.v. 3.000€ inkl. 7% USt und Transportleistungen i.H.v. 1.000 inkl. 19% USt eingekauft hat, kann sie hierfür keinen Vorsteuerabzug vornehmen. Durch die anschließende Weiterbelastung an die ausländischen Tochtergesellschaften durch die Kostenaufschlagsmethode, welche nach Änderung des § 25 Abs. 1 Satz 1 UStG auch keinen Vorsteuerabzug geltend machen kann, ergibt sich bei der GmbH eine Kostensteigerung. Bei der Verwendung von einem Gewinnaufschlag in Höhe von 5%, ergibt sich folgende Berechnung:

Reisepreis	4.200 € (4.000€ + 5%)
./. Hotel	3.000 €
./. Transport	1.000 €
= Nettomarge	200 €

Die oben genannte Kostensteigerung im Konzern besteht nun darin, dass keinerlei Vorsteuerabzug zugelassen ist.[148] Konkret bedeutet dies eine Mehrbelastung von 388 €, welche sich durch die Vorsteuer aus der Hotelleistung, der Transportleistung und der Umsatzsteuer aus der Marge errechnen lässt.

---

[146] Vgl. Abschnitt 3a.4 Abs. 2 Satz 2 UStG.
[147] Vgl. Wolf, in: Weymüller, BeckOK UStG, 2021, § 25 UStG Rn. 87.1.
[148] Vgl. § 25 Abs. 4 UStG.

Die Kostenaufschlagsmethode ist eine Methode, mit der in der Praxis Verrechnungspreise für konzerninterne Leistungen festgelegt werden. Klassischerweise für den Vertrieb von Fertigprodukten vom Produzenten an die Vertriebsgesellschaft oder auch bei konzerninternen Verrechnungen von Dienstleistungen, wie es bei der Reiseleistung der Fall wäre. Im Sprachgebrauch wird auch der englische Ausdruck „cost plus-method" oder die Abkürzung „C+" verwendet. Hierbei werden die Kosten, die dem Dienstleister intern entstehen, um einen fremdüblichen Gewinnaufschlag erhöht. Dieser Gewinnaufschlag wird auch „cost plus-mark up" genannt. So stellt die Kostenaufschlagsmethode einen Ansatz zur Verrechnungspreisbildung dar, damit der Fremdvergleichsgrundsatz gewahrt ist. [149]

Die sich daraus ergebenden Auswirkungen für die GmbH in Deutschland sind nicht ohne Bedeutung. Denn durch die Änderung des § 25 UStG wird die GmbH in Bezug auf solche Leistungen als Reisebüro angesehen und hat keinen Vorsteuerabzug aus den Reisevorleistungen mehr. Die höheren Kosten haben gegebenenfalls den Effekt, dass bei der Berechnung nach der cost plus-Methode der Mark-Up, also der prozentuale Aufschlag auf die bisherigen Kosten, angepasst werden muss. Zudem muss die Umsatzsteuer aus der Marge ermittelt werden und der Leistungsort für die Reiseleistung liegt am Ort des Unternehmens gem. § 25 Abs. 1 Satz 4 i.V.m. § 3a Abs. 1 UStG. Somit ist der Ort der Reise grundsätzlich nicht maßgebend für die Besteuerung. Eine Ausnahme gilt, soweit die Reise im Drittland bewirkt wird. Bisher konnte die deutsche GmbH für Beherbergungsleistungen einen Steuersatz von 7% gem. § 12 Abs. 2 Nr. 11 UStG anwenden. Doch auch hier handelt es sich nun um eine einheitliche sonstige Leistung, welche nach § 12 Abs. 1 UStG mit 19% zu besteuern ist. In der Rechnung über die Reiseleistung ist es nicht zulässig die Steuer auszuweisen.[150] So muss sowohl auf der Eingangsseite, als auch ausgangsseitig der Rechnungsverbuchungsprozess und das ERP-System angepasst werden. Ein ERP-System ist eine Software, welche „Enterprise-Resource-Planning-System" heißt und hilft verschiedene Geschäftsprozesse besser zu strukturieren und einfacher zu steuern.[151] Infolgedessen erhöhen sich die Kosten bei den Transferpreisen.

---

[149] Vgl. Kaminski, (Kostenaufschlagsmethode, 2016): ABC IntStR, Steuer Office Gold, https://htw-aalen.haufe-suite.de/search?p_p_id=leongsearchportlet_WAR_leongsearchportlet&p_p_lifecycle=1&p_p_state=normal&p_auth_secret=ZHDpROFlipNlP4vN2WsE3xfabPU%3D&javax.portlet.action=search&_leongshared_keywords=Kostenaufschlagsmethode, Zugriffsdatum: 06.01.2021.
[150] Vgl. § 14a Abs. 6 Satz 2 UStG.
[151] Vgl. o.V. (ERP-System): Was ist ERP?, https://www.erp.com.de/, Zugriffsdatum: 15.01.2021.

Die Auswirkungen für die Tochtergesellschaften als Leistungsempfänger bestehen zum einen darin, dass sie aus der Eingangsleistung keinen Vorsteuerabzug mangels Rechnung mit Steuerausweis mehr haben und zum anderen, dass durch die unmittelbare Weiterbelastung der nicht abziehbaren Vorsteuer und mangels eigenen Vorsteuerabzug höhere Kosten entstehen.

7.2 Möglichkeiten zur Vermeidung der Kostensteigerung

Eine Möglichkeit wäre, dass die deutsche GmbH die Reisevorleistungen an die Tochtergesellschaften vermittelt.[152] Die Folgen daraus wären, dass sie nicht als Reisebüro anzusehen ist und aufgrund dessen die volle Vorsteuer aus den Reisevorleistungen in Abzug bringen könnte. Jedoch hat dies eine signifikante Erhöhung des administrativen Aufwands zur Folge und ist praktisch schwer durchsetzbar. Denn hier müsste das Restaurant oder der Busunternehmer anstatt einer Rechnung viele einzelne Rechnungen an die einzelnen Tochtergesellschaften ausstellen. Somit ist diese Möglichkeit zur Umgehung der Anwendung des § 25 UStG möglich, jedoch nicht optimal.

Ein weiterer Weg wäre zu argumentieren, dass keine Reiseleistung vorliegt. Hier kann die Darlegung glaubhaft gemacht werden, dass eine eigene Leistung, Nebenleistung oder Veranstaltungsleistung vorliegt. Unter die eigenen Leistungen könnten Management- oder Schulungsleistungen fallen. Fraglich ist jedoch, ob das Finanzamt eine solche Argumentation in allen Fällen akzeptiert. Eben genannte Handlungsweise hat Auswirkungen auf die Intercompany-Abstimmungen und die Transferpreisdokumentation. Unter einer Intercompany-Abstimmung ist ein Prozess zu verstehen, bei dem zwischen zusammenhängenden Konzerngesellschaften die buchhalterischen Vorgänge auf Übereinstimmung überprüft werden.[153] Folglich ist diese Vorgehensweise mit dem Risiko verbunden, dass sie von fremden Dritten, besonders dem Finanzamt, abhängig ist und nicht vollkommen vom Unternehmen selbst beeinflusst werden kann. Dementsprechend ist auch diese Art und Weise des Vorgehens nicht die optimale Lösung.

Die Weiterbelastung an die Tochtergesellschaften zu unterlassen, stellt eine dritte Möglichkeit zur Umgehung der Kostensteigerung dar. Denn ohne Weiterbelastung fehlt es an einer Reiseleistung. Folglich kann die deutsche GmbH die Vorsteuer aus den eingekauften Reiseleistungen

---

[152] Vgl. Kapitel 5.2.2.2.
[153] Vgl. o.V. (Intercompany-Abstimmung): Intercompany-Abstimmungen (SAP ICR), http://www.cytechs.de/de/produkte/sap-fi-intercompany-abstimmung.html, Zugriffsdatum: 04.04.2021.

geltend machen. Hierbei gibt es auch kaum Prozess- oder ERP-Systemanpassungen. Ein Problem könnte die korrekte Kostenzuordnung und die Kostenanerkennung durch das Finanzamt darstellen. Zudem hat diese Vorgehensweise im Bereich der Transferpreise eine Auswirkung auf das Funktions- und Risikoprofil. Denn so müssten auch die Verträge über die Transferpreise angepasst werden, welche der F&R-Analyse dienen und den Erstellungsaufwand der Verrechnungspreisdokumentation vermindern sollen. Die F&R-Analyse bestimmt nach welcher Methode die Verrechnungspreise berechnet werden.[154] Dies stellt folglich ebenfalls keine Erleichterung dar.

Eine Abwandlung der dritten Möglichkeit wäre, dass die Tochtergesellschaften mit den Kosten belastet werden, jedoch ohne Kostenaufschlag. Doch hier wird das Unternehmen als Reisebüro angesehen und hat aufgrund dessen keinen Vorsteuerabzug aus den Reisevorleistungen. Durch die Weiterbelastung an die Tochtergesellschaften ohne Erhöhung des Reisepreises entfällt bei der GmbH die Marge und es ergibt sich eine geringere Kostensteigerung als im Ausgangsfall. Auf der Ausgangsseite müssen kaum Prozess- oder ERP-Systemanpassungen erfolgen. Auf der Eingangsseite jedoch müssen solche Angleichungen vorgenommen werden. Ebenfalls müssen die Transferpreis-Verträge angepasst werden. Auch hier stellt sich die Frage, ob das Finanzamt die Kosten anerkennt und wie die korrekte Kostenzuordnung vorgenommen werden kann oder welche Auswirkungen diese Vorgehensweise auf das Funktions- und Risikoprofil hat.

8. Besonderheiten

8.1 Leistungsempfänger als Steuerschuldner nach § 13b UStG

Gem. § 13b Abs. 5 Satz 1 i.V.m. Abs. 1 oder Abs. 2 UStG schuldet der Leistungsempfänger die Steuer, wenn er Unternehmer ist. Das bedeutet, dass der Reiseunternehmer die Steuer für im Inland bezogene steuerpflichtige Reisevorleistungen schuldet, wenn der leistende Unternehmer im Ausland ansässig ist. Hierbei gibt es jedoch Ausnahmen nach § 13b Abs. 6 Nr. 1-4, 6 UStG, bei denen die Steuerschuld nicht auf den Leistungsempfänger übergeht. So erfolgt bei

---

[154] Vgl. Kaminski, in: Haufe Steuer Office Gold, HI3707588, 2016, Funktions- und Risikoanalyse – ABC Int-StR, 1. Systematische Einordnung.

Personenbeförderungen mit Landfahrzeugen oder im Luftverkehr, welche bereits der Beförde-rungseinzelbesteuerung[155] unterliegen, keine Umkehr der Steuerschuld.[156] Ebenso bei Eintritts-berechtigungen für Messen, Ausstellungen und Kongressen oder Restaurationsleistungen an Bord von Schiffen, Flugzeugen und der Bahn.[157]

Die Besonderheit bei der Steuerschuldumkehr nach § 13b Abs. 5 UStG liegt darin, dass der Reiseunternehmer die nach § 13b UStG geschuldete Steuer nicht als Vorsteuer gem. § 15 Abs. 1 Satz 1 Nr. 4 Satz 1 UStG abziehen kann, soweit die Leistung der Besteuerung nach § 25 UStG unterliegt.[158] Dies gilt unabhängig von der Ansässigkeit des Unternehmers als Leistungsemp-fänger. Sofern der leistende Unternehmer die Steuer in der Rechnung oder Gutschrift gesondert ausweist, schuldet er diese trotz der Umkehr der Steuerschuld gem. § 14c Abs.1 UStG.[159]

Durch das BFH-Urteil vom 13.12.2017[160] kann sich der Leistungsempfänger bei Bezug von Reisevorleistungen aus einem anderen Mitgliedstaat jedoch auf das Unionsrecht berufen. Dadurch kommt § 13b UStG nicht zur Anwendung, mit der Folge, dass er entgegen dem nati-onalen Recht keine Steuer für die an ihn erbrachten Leistungen schuldet. Folglich sind diese Leistungen im Inland nicht steuerbar, was zu sogenannten weißen Umsätzen führt. Weiße Ein-künfte sind Einkünfte, welche durch Qualifikationskonflikte bei bestimmten grenzüberschrei-tenden Sachverhalten entstehen. Diese werden dann in keinem Staat besteuert, obwohl sie bei einem vergleichbaren Inlandsfall nach den nationalen Regelungen steuerpflichtig wären.[161] Hier ist anzumerken, dass eine vorliegende doppelte Nichtbesteuerung aufgrund der unter-schiedlichen Anwendung der einzelnen nationalen Gesetze nicht zu einem Rechtsmissbrauch führt.[162] Die Anwendung des Unionsrechts gilt unabhängig davon, ob die Margenbesteuerung durch den leistenden Unternehmer tatsächlich angewandt wird. Möchte ein Unternehmer die Anwendung dieser Rechtsprechung beantragen, ist zu prüfen, ob für die bezogenen Reisevor-leistungen die Voraussetzungen der Margenbesteuerung vorliegen. Hier ist darauf zu achten,

---

[155] Vgl. § 16 Abs. 5 UStG, § 18 Abs. 5 UStG.
[156] Vgl. Abschnitt 13b.10 Abs. 1 Satz 3 UStAE.
[157] Vgl. Spilker, in: Weymüller, BeckOK UStG, 2021, § 13b UStG Rn. 403.
[158] Vgl. § 25 Abs. 4 Satz 1 UStG.
[159] Vgl. Abschnitt 13b.14 Abs. 1 UStAE.
[160] Vgl. BFH vom 13.12.2017, XI R 4/16, BStBl. II 2020, S. 823.
[161] Vgl. o.V. Tax Academy – Online-Weiterbildungen im Bilanz- und Steuerrecht, Weiße Einkünfte, https://www.tax-academy.de/lexikon/weisse-einkuenfte/
[162] Vgl. EuGH vom 22.12.2010, C-277/09, (RBS Deutschland Holding), Rn. 52.

dass diese nicht vorliegen, wenn der leistende Unternehmer die Leistung mit eigenen Mitteln erbringt.

8.2 Stornierung der Reiseleistung

Bei einer Stornierung der Reiseleistung liegt beim Reiseveranstalter dann echter Schadensersatz vor, wenn vorher klar vereinbart wurde, dass der Reisende bei Reiserücktritt eine Entschädigung, die sogenannte Stornogebühr, zu entrichten hat. Das Gleiche gilt, wenn der Reiseunternehmer daraufhin die gebuchten Reisevorleistungen storniert und dafür eine Stornogebühr bezahlen muss. Die vom Reisenden zu zahlende Umbuchungs- und Änderungsgebühren bei Änderung des Reisevertrags erhöhen dagegen den Reisepreis und unterliegen der Margenbesteuerung nach § 25 UStG. Erhält das Reisebüro vom Reiseveranstalter einen Teil der Stornogebühren gutgeschrieben, handelt es sich hierbei um Stornoprovisionen, welche das Entgelt für die Leistung des Reisebüros darstellen.[163] Denn mit Rücktritt durch den Kunden werden die bisherigen Vorbereitungshandlungen, die bei der Ausführung der Reiseleistung in deren Vermittlung entstanden waren, zu einer eigenständigen Hauptleistung. Auf diese Vergütung hat das Reisebüro aufgrund des Agenturvertrags einen Rechtsanspruch, die sogenannte Ersatzprovision. Somit sind die Stornoprovisionen steuerpflichtiges Entgelt für die Leistung des Reisebüros an den Reiseveranstalter.

8.3 Anzahlungen

Anzahlungen liegen dann vor, wenn der Erwerber der Leistung oder des Gegenstands schon ein Teil des Entgelts bezahlt hat, ohne die volle Leistung erhalten zu haben. Hierbei handelt es sich also um eine Vorleistung, welche auch als ein Kredit vom Kunden an den Unternehmer darstellt. Werden solche Teilleistungen vereinbart, ist im Bereich der Umsatzsteuer folgendes zu beachten.[164]

Gem. § 13 Abs. 1 Nr. 1 Buchst. a Satz 4 UStG entsteht bei der Berechnung der Steuer nach vereinbarten Entgelten für Anzahlungen die Steuer mit Ablauf des Veranlagungszeitraums, in dem sie vereinnahmt worden ist. Der Empfänger der Anzahlung muss daher aus der Anzahlung

---

[163] Vgl. Abschnitt 25.1 Abs. 14 UStAE.
[164] Vgl. Vogel, in: Beck'sches Steuer- und Bilanzrechtslexikon, 01.04.2020, Anzahlung Rn. 1.

den Umsatzsteuerbetrag herausrechnen und an das Finanzamt abführen. In Bezug auf die Berechnung der Steuer nach vereinnahmten Entgelten ist die Steuer sowieso nach Vereinnahmung an das Finanzamt abzuführen.

So gilt § 13 Abs. 1 Nr. 1 Buchst. a Satz 4 UStG auch für die Besteuerung von Anzahlungen auf Reiseleistungen, soweit sie durch den Reiseunternehmer vereinnahmt werden. Wird anschließend die angezahlte Reise nicht erbracht, so muss die Umsatzsteuer nach § 17 Abs. 2 Nr. 2 UStG berichtigt werden, Voraussetzung hierfür ist jedoch, dass der Unternehmer das Entgelt zurückgezahlt hat. Dies ist zum Beispiel der Fall bei Anzahlungen auf nicht in Anspruch genommene Flüge.[165] So können Anzahlungen für steuerpflichtige Reiseleistungen, für welche die Bemessungsgrundlage durch eine Gruppen- oder Gesamtmarge nach § 25 Abs. 3 Satz 3 UStG zu ermitteln ist, mit einem Anteil angesetzt werden, welcher der steuerpflichtigen Marge des Vorjahrs entspricht.[166]

Schwierigkeiten ergeben sich bei Reiseunternehmern, wenn gemischte Reisen vorliegen und diese aufzuteilen sind. Hier wird zur Vereinfachung zugelassen, dass Anzahlungen für diese Fälle mit einem sachgerecht geschätzten Teil der Besteuerung unterworfen werden. So sollte bereits zu diesem Zeitpunkt berücksichtigt werden, dass Anzahlungen auf Eigenleistungen nicht nach § 25 UStG zu besteuern sind und das Anzahlungen auf Reiseleistungen aufgrund von ausländischen Streckenanteilen gegebenenfalls nur anteilig zu besteuern sind.[167]

8.4 Incentive-Reisen

Eine Reise stellt dann eine Incentive-Reise dar, wenn sie einem Betriebsangehörigen im Rahmen einer unentgeltlichen Wertabgabe i.S. des § 3 Abs. 9a Nr. 2 UStG oder gegen Entgelt überlassen wird und diese einen touristischen Charakter hat.[168] Ausreichend ist eine Übernachtung nach einer Abendveranstaltung, um eine späte Heimreise zu vermeiden.[169] Sie dienen oft zur Motivation der Mitarbeiter.[170] Hier erbringt der Arbeitgeber eine Reiseleistung, welche der

---

[165] Vgl. BFH vom 15.09.2011, V R 36/09, BStBl. II 2012, 365.
[166] Vgl. Abschnitt 25.1 Abs. 15 i.V.m. Abschnitt 13.5 Abs. 5 UStAE.
[167] Vgl. EuGH vom 19.12.2018, C-422/17, (Skarpa Travel), Rn. 41-44.
[168] Vgl. Abschnitt 25.1 Abs. 2 Satz 1 und 7 UStAE.
[169] Vgl. Hartmann/ Schulz, in: Steuer Office Gold, HI520767, 2021, Bewirtung 6.2 Steuerpflichtige Bewirtung bei Incentive-Reisen.
[170] Vgl. Hartmann/ Geiken, in: Steuer Office Gold, HI1562720, 2020, Incentivereisen in der Entgeltabrechnung, Überblick/Zusammenfassung.

Besteuerung nach § 25 UStG unterliegt.[171] Denn im vorliegenden Szenario tritt das Unternehmen als Reiseunternehmer auf und erbringt an den Angestellten eine Reiseleistung. Es werden Reisevorleistungen, welche durch das Buchen der einzelnen Reiseelemente zustande kommen, in Anspruch genommen, und kommen dem Reisenden unmittelbar zugute. Hierbei tritt das Unternehmen in eigenem Namen auf. Nach § 25 Abs. 4 UStG ist der Vorsteuerabzug für das Unternehmen ausgeschlossen und die zugewendeten geldwerten Vorteile lösen keine Umsatzsteuer aus. Es handelt sich hierbei um einen steuerbaren Leistungsaustausch nach § 1 Abs. 1 Nr. 1 i.V.m. § 3 Abs. 9a Nr. 2 UStG, die Bemessungsgrundlage beträgt jedoch 0 €.

Nach der bis zum 17.12.2019 geltenden Fassung des § 25 UStG lag keine Reiseleistung vor, wenn der Unternehmer an seinen eigenen Arbeitnehmer eine Reiseleistung erbracht hat, da diese für das Unternehmen bestimmt ist. Aufgrund der Erweiterung auf den B2B-Bereich werden auch Reisen wie diese unter die Regelung des § 25 UStG gefasst. Hier muss beachtet werden, dass die Reise nicht dem Unternehmen zugeordnet werden darf, wenn bereits bei Leistungsbezug beabsichtigt ist die Leistung als unentgeltlichen Wertabgabe i.S. des § 3 Abs. 9a Nr. 2 UStG zu überlassen.[172]

8.5 Organschaft

Die Legaldefinition der umsatzsteuerlichen Organschaft ist in § 2 Abs. 2 Nr. 2 UStG enthalten. Demnach liegt eine Organschaft vor, wenn eine juristische Person nach dem Gesamtbild der tatsächlichen Verhältnisse finanziell, wirtschaftlich und organisatorisch in das Unternehmen des Organträgers eingegliedert ist. Die finanzielle Eingliederung ist gegeben, wenn der Organträger die Mehrheit der Stimmrechte besitzt und dadurch in der Gesellschafterversammlung seinen Willen durchsetzen kann.[173] Wird diese Beherrschung tatsächlich wahrgenommen, ist das Tatbestandsmerkmal der organisatorischen Eingliederung erfüllt.[174] Fördert und ergänzt der Organträger das Gesamtunternehmen und steht nicht in unerheblichen wirtschaftlichen Beziehungen zur Organgesellschaft, ist auch die Voraussetzung der wirtschaftlichen Eingliederung

---

[171] Vgl. Abschnitt 25.3 Abs. 5 UStG.
[172] Vgl. Abschnitt 3.3 Abs. 1 Satz 7 UStAE, BFH vom 09.12.2010, V R 17/10, BStBl. II 2012, S. 53.
[173] Vgl. Abschnitt 2.8 Abs. 5 UStAE.
[174] Vgl. BFH vom 05.12.2007, V R 26/06, DB 2008, S. 506, Nr. 2.

erfüllt.[175] Sofern die Voraussetzungen für eine Organschaft vorliegen, besteht kein Wahlrecht zur Annahme der Organschaft. Stattdessen treten die Rechtsfolgen unmittelbar ein.[176]

Die nationale Regelung des § 2 Abs. 2 Nr. 2 UStG hat ihre Grundlage in Art. 11 Abs. 1 MwStSystRL. Diese unionsrechtliche Vorschrift erlaubt es jedem Mitgliedstaat, „in seinem Gebiet ansässige Personen, die zwar rechtlich unabhängig, aber durch gegenseitige finanzielle, wirtschaftliche und organisatorische Beziehungen eng miteinander verbunden sind, zusammen als einen Steuerpflichtigen zu behandeln".[177] Innerhalb der EU sind die organschaftlichen Regelungen in den einzelnen Mitgliedstaaten unterschiedlich ausgestaltet.

Die umsatzsteuerliche Organschaft ist vor allem für Unternehmen, wie beispielsweise Krankenhäuser, Einrichtungen der Jugendhilfe oder juristische Personen des öffentlichen Rechts, von besonderem Interesse, da diese ganz oder teilweise nicht zum Vorsteuerabzug berechtigt sind. Die bislang eigenständigen Unternehmen (Organgesellschaften) verlieren ihre Selbständigkeit und werden in das Unternehmen des Organträgers eingegliedert. Der Organträger ist der einzige umsatzsteuerlich relevante Unternehmer. Bei einer Organschaft umfasst das einheitliche Unternehmen somit den unternehmerischen Bereich des Organträgers und den unternehmerischen Bereich der Organgesellschaft bzw. den Organgesellschaften. Das Fehlen des Leistungsempfängers aufgrund des einheitlichen Unternehmens hat zur Folge, dass Umsätze zwischen dem Organträger und der Organgesellschaft zu sogenannten nicht steuerbaren Innenumsätzen führen und damit nicht in den Anwendungsbereich des § 1 Abs. 1 Nr. 1 UStG fallen.

Durch das BFH-Urteil vom 01.03.2018[178] wurde die Reisevorleistung von der Eigenleistung innerhalb einer umsatzsteuerlichen Organschaft abgegrenzt. Im Streitfall wurden von den Organgesellschaften Leistungen von Dritten bezogen und Eigenleistungen erbracht. Die innerorganschaftliche Weitergabe dieser Leistungen führt nicht zu einer Umqualifizierung der Leistungen, da die Abgrenzung aufgrund der tatsächlichen Umstände und nicht aus der Sicht des Reisenden vorzunehmen ist.[179] Reisevorleistungen können innerhalb eines Organkreises nur

---

[175] Vgl. BFH vom 07.07.2011, V R 53/10, DB 2011, S. 2416, Rn. 21.
[176] Vgl. Abschnitt 2.8 Abs. 4 UStAE.
[177] Vgl. Art. 11 MwStSystRL, (RL 2006/112/EG Artikel 11 i.d.F. 07.12.2020).
[178] Vgl. BFH vom 01.03.2018 V R 23/17 BStBl. II 2018, S. 503.
[179] Vgl. BFH vom 01.03.2018 V R 23/17 BStBl. II 2018, S. 503, Rn. 21.

dann vorliegen, wenn sie von Dritten bezogen wurden. Dies bedeutet, dass Leistungen, welche durch die Organgesellschaft oder den Organträger erbracht werden, als Eigenleistungen zählen und nicht der Besteuerung nach § 25 UStG unterliegen. Für die Eigenleistungen gelten die allgemeinen Vorschriften, welche für jede Leistung umsatzsteuerrechtlich selbständig zu überprüfen ist.

9. Schlussbemerkung

Eine Vereinheitlichung der nationalen Gesetze der einzelnen Mitgliedstaaten der Europäischen Union ist mehr als sinnvoll. Denn durch die unterschiedliche Besteuerung konnten die Unternehmer zwischen dem Unionsrecht und dem jeweiligen nationalen Recht wählen.[180] Eine solche ungleiche Behandlung von Reiseleistungen und die komplexe Rechtslage ist für den Steuerpflichtigen schwer zu erfassen. So führen die unterschiedlichen Regelungen innerhalb der Europäischen Union bezüglich des Orts und des Besteuerungsregims im B2B-Bereich zu Doppel- oder Nichtbesteuerung. Dies gilt zudem auch für die Anwendung der Gruppen- oder Einzelmarge nach § 25 Abs. 3 Satz 3 UStG. Eine Nichtbesteuerung war beispielsweise dadurch gegeben, dass deutsche Unternehmer Leistungen an andere Unternehmer im Ausland erbrachten, sich dann aber auf das deutsche Umsatzsteuerrecht anstatt auf die nationale Regelung berufen haben, hierdurch keine deutsche Margensteuer und im anderen EU-Staat keine Umsatzsteuer abführen mussten. Hier ist anzumerken, dass der daraus gewonnene Vorteil nur sehr gering war, da nur die Umsatzsteuer auf die Marge entfiel, der deutsche Unternehmer aber trotzdem keinen Vorsteuerabzug aus den in Anspruch genommenen Leistungen hatte. Ebenso konnten ausländische Unternehmer für die Inanspruchnahme von deutschen Reisevorleistungen die Vorsteuer in Deutschland geltend machen, obwohl sie in ihrem EU-Staat die Margenbesteuerung angewendet haben.

Die Ziele der Sonderregelung sind durch die Kundenmaxime nach der Entscheidung des EuGH[181] besser zu erreichen, da Reisen nicht nur an Endkunden, sondern auch zwischen Reiseunternehmen verkauft werden. Die Margenbesteuerung ist daher gemeinschaftsrechtlich

---

[180] Vgl. BFH vom 13.12.2017, XI R 4/16, BStBl II 2020, S. 823, Rn. 22.
[181] Vgl. EuGH vom 08.02.2018, C-380/16, (Kommission/Deutschland).

auch beim Verkauf der Reisen an andere Unternehmer anwendbar.[182] Bei der Reisendenmaxime bestand das Problem, dass im Einzelfall schwer nachprüfbar war, ob der Kunde die Reise selbst nutzt, also als Endverbraucher, oder ob er sie weiterverkauft und damit als Unternehmer auftritt.

Die Sondervorschrift des § 25 UStG soll eine Vereinfachungsregelung darstellen, was jedoch aufgrund der fehlenden Definitionen und weiten Auslegungen der Begriffe schwer als Vereinfachung anzusehen ist. Eine weite Definition liegt bereits bei der Formulierung des Art. 306 Abs. 1 MwStSystRL „Durchführung einer Reise" vor. Hierbei handelt es sich vorliegend nicht nur um Reisen, sondern es ist unter Umständen auch die bloße Vermietung einer Wohnung ausreichend.[183]

Auch im Vertragsverletzungsverfahren gegen Österreich, welches mit Urteil des EuGH vom 27.01.2021[184] beendet wurde, hat die Kommission die Anwendung der Reisendenmaxime und der Gruppenbemessungsgrundlage gerügt. Denn auch nach Änderung des deutschen Umsatzsteuergesetzes hat Österreich den § 23 UStG 1994 - Österreich[185] nicht an das Unionsrecht angepasst. Österreich bringt ähnliche Rechtfertigungsgründe vor, wie die Bundesrepublik Deutschland. So wird argumentiert, dass die Wirtschaftsteilnehmer mit der Mehrwertsteuer belastet werden und hierdurch nicht die Vereinfachung der Sondervorschriften für Reisebüros erzielt werden kann.[186] Zudem sei die Republik Österreich der engen Auslegung der Vorschriften gefolgt und dürfe Ausnahmen gem. Art. 370 MwStSystRL anwenden, da sie nach dem 01.01.1978 der Gemeinschaft beigetreten ist. Der EuGH argumentiert dagegen und belegt seine Aussagen mit bisherigen Urteilen, wie die Vertragsverletzungsverfahren gegen Spanien[187] und Deutschland[188]. Das letzte Argument wurde durch den EuGH entkräftet, da Art. 370 MwStSystRL nur Ausnahmen für Mitgliedsstaaten vorsieht, welche am 01.01.1987 bereits der Gemeinschaft beigetreten waren. Österreich hingegen ist erst seit dem 01.01.1995 Mitglied. Auch für die zweite Rüge bezüglich der Ermittlung der Steuerbemessungsgrundlage für Gruppen von Leistungen, bringt die Republik nur vor, dass es große praktische Schwierigkeiten bzw. zusätz-

---

[182] Vgl. § 25 Abs. 1 Satz 1 UStG.
[183] Vgl. Abschnitt 25.1 Abs. 1 Satz 4 UStG.
[184] Vgl. EuGH vom 27.01.2021, C-787/19 (Kommission/Österreich).
[185] Vgl. UStG 1994, BGBl. I, 663/1994.
[186] Vgl. EuGH vom 27.01.2021, C-787/19 (Kommission/Österreich), Rn. 30.
[187] Vgl. EuGH vom 26.09.2013, C-189/11, (Kommission/Spanien).
[188] Vgl. EuGH vom 08.02.2018, C-380/16, (Kommission/Deutschland).

lichen Verwaltungsaufwand mit sich bringt und dadurch kleinere Reiseveranstalter benachteiligt werden. Dieses Argument wurde jedoch ebenfalls bereits im Urteil vom 08.02.2018 gegen Deutschland entkräftet, dass etwaige Schwierigkeiten kein Ausschlusskriterium darstellen. Dies hat sowohl die Kommission Österreich bereits mitgeteilt, als auch der EuGH erneut bestätigt und ebenfalls auf das Vertragsverletzungsverfahren gegen Deutschland verwiesen.[189] Hinsichtlich der Verschiebung auf den 01.01.2022 des Inkrafttretens der Änderung im österreichischem UStG aufgrund des engen Bezugs zum deutschen Steuerrecht, lehnt der EuGH als Rechtfertigungsgrund ab. Jeder Mitgliedstaat der Europäischen Union hat unabhängig von den anderen die Vorschriften der Mehrwertsteuersystemrichtlinie umzusetzen.

Zuletzt möchte ich auf die Änderung des Umsatzsteueranwendungserlasses durch das BMF-Schreiben vom 29.01.2021[190] eingehen, welche aufgrund von Erörterungen der obersten Finanzbehörden der Länder vorgenommen wurde. Hierbei wurde in Abschnitt 25.1 Abs. 1 UStAE Satz 12 eingefügt, welcher für Reiseleistungen die Nichtanwendung der Sondervorschrift des § 25 UStG bei Unternehmen mit Sitz im Drittland und ohne feste Niederlassung im Gemeinschaftsgebiet regelt. Diese Regelung war vorerst aus Vertrauensschutzgründen erst ab 01.01.2021 verpflichtend. Jedoch ist es durch das BMF-Schreiben vom 29.03.2021[191] nicht zu beanstanden, wenn § 25 UStG bis zum 31.12.2021 auch auf Reiseleistungen von Unternehmern mit Sitz im Drittland und ohne feste Niederlassung im Gemeinschaftsgebiet angewandt wird. Dies stellt ein Konflikt in der Leistungskette dar, welcher durch die Anwendung des § 25 UStG ab 18.12.2019 vermieden werden sollte, wie die Registrierungspflichten für Unternehmen mit Sitz im Drittland. Außerdem stellt sich die Frage, ob sich das Drittlandsunternehmen auf die nationale Vorschrift berufen kann um eine günstigere Besteuerung herbeizuführen. Die verschiedenen Fragen, auch bezüglich des Vorsteuerabzugs, sind wohl gerichtlich zu klären.[192]

---

[189] Vgl. EuGH vom 27.01.2021, C-787/19 (Kommission/Österreich), Rn. 61.
[190] Vgl. BMF vom 29.03.2021, III C 2 S 7419/19/10002 :004, BStBl. I 2021, S. 250.
[191] Vgl. BMF vom 29.03.2021, III C 2 S 7419/19/10002 :004, www.juris.de.
[192] Vgl. Müller-Hansen, UR 2021, S. 252.

Literaturverzeichnis

A. Monografien, Beiträge in Handbüchern und anderen Sammelwerken

Bader, Julia, Meissner u.a. (Reiseleistung, 2017): Umsatzsteuerrecht visualisiert, 2. Auflage, eBook, 2017.

Grambeck, Hans-Martin: Ausschluss von B2B-Leistungen aus der Sonderregelung für Reiseleistungen sowie Möglichkeit der Gesamtmargenbildung richtlinienwidrig, in: MwStR, 2018, S. 312-319.

Hartmann, Rainer/ Geiken, Manfred (Incentive-Reise, 2020): Incentivereisen in der Entgeltabrechnung, Überblick/Zusammenfassung, in: Haufe Steuer Office Gold, HI1562720.

Hartmann, Rainer/ Schulz, Michael (Incentive-Reise, 2021): Bewirtung 6.2 Steuerpflichtige Bewirtung bei Incentive-Reisen, in: Haufe Steuer Office Gold, HI520767.

Hartmann, Timo: Aktuelle EuGH-Rechtsprechung zum Mehrwertsteuerrecht, in: DStR, 2019, Seiten 595-600.

Henkel, Jürgen (UR 2000): Weitervermietung von Ferienwohnungen durch inländische Tochtergesellschaft im Namen und für Rechnung der ausländischen Muttergesellschaft als Reiseleistung – Abgrenzung gegenüber bisheriger Rechtsprechung zur Leistungskommission, in: UR, 2000, S. 26-30.

Henseler, Frank (Reiseleistung, 2020): in Lexikon des Steuerrechts, Reiseleistungen, Stotax.

Huschens, Ferdinand (Steuersatz, 2019): Reiseleistung, Beherbergungsleistung, Ermäßigter Steuersatz, Vermietung einer Ferienwohnung als Reiseleistung, in: Haufe Steuer Office Gold, HI12512735.

Huschens, Ferdinand (UStG, 2020): § 4 Nr. 5 UStG, in: UStG, Schwarz/Widmann/Radeisen, Haufe, 2020.

Kaminski, Bert (F&R-Analyse, 2016): Funktions- und Risikoanalyse – ABC IntStR, in: Haufe Steuer Office Gold, HI3707588.

Kesenheimer, Hans-Christian (Reiseleistungen, 2020): in juris Lexikon Steuerrecht, Reiseleistungen in der Umsatzsteuer – Voraussetzungen.

Kies, Dieter: § 15 UStG, in UStG – eKommentar, Fritsch/Huschens/Koisiak/Langer, juris.

Koisiak, David (2021): § 1 UStG, in UStG – eKommentar, Fritsch/Huschens/Koisiak/Langer, juris.

Leonard, Axel, Robisch, Martin: § 3 UStG, in: Bunjes Umsatzsteuergesetz, Bunjes, 19. Auflage 2020.

Meurer, Thomas (StBW 2012): Der Umsatzsteueranwendungserlass – Änderungen seit dem 10.03.2012, in: StBW, 2012, S. 950-955.

Müller-Hansen, Sebastian (UR 2021): Besteuerung von Reiseleistungen von Unternehmen mit Sitz im Drittland, in: UR 2021, S. 251-252.

Nieskens, Hans: § 1 UStG ABC-Einheitlichkeit der Leistung „Pauschalreise", in: Rau/Dürrwächter, 186. Lieferung, 2020.

Nieskens, Hans: Margenbesteuerung für Reiseleistungen in § 25 UStG unionsrechtswidrig, in: EU-UStB 01/2018, S.1-3.

o.V.: Sonderregelung für Reisebüros – Verstoß von § 25 Abs. 1 Satz 1 und Abs. 3 Satz 3 UStG gegen das Unionsrecht, in: HFR, 2018, Heft 3, Umsatzsteuer, S. 259-262.

Püschner, Wolfgang (Unionsrechtliche Grundlage, 2019): § 25 UStG, in: Umsatzsteuergesetz, Reiß/Kraeuser/Langer, 163. Aktualisierung, Bonn, Oktober 2020.

Püschner, Wolfgang (Reiseleistung, 2019): § 25 UStG, in: eKommentare UStG, Stotax.

Radeisen, Rolf-Rüdiger (Haufe, Steuer Office Gold, 2019): Sonstige Leistung, in: Haufe, 2019, HI856309.

Rauch, Steffen Gregor (MICE, 2020): § 25 UStG, in: Umsatzsteuer, Offer-haus/Söhn/Lange, 330. AL, Heidelberg 2020.

Schüler-Täsch, Sandy (UStG, 2020): § 25 UStG, in: UStG, Sölch/Ringleb, C.H.Beck, 90. Ergänzungslieferung, 2020.

Schuska, Frederek (Vermittler, MwStR, 2017): Die Abgrenzung von Vermittlungsdienstleistungen zum Eigengeschäft und elektronischen Dienstleistungen, in: MwStR, 2017, S. 301-308.

Spilker, Bettina (UStG, 2021): § 13b UStG, in: BeckOK UStG, Weymüller, 28. Edition, 2021.

Stadie, Holger: § 19 UStG, in: Kommentar zum Umsatzsteuergesetz, Rau/Dürrwächter/Flick/Geist, 191. Lieferung, Köln 2021.

Stadie, Holger (Umsatzsteuergesetz, 2020): § 25 UStG, in: Umsatzsteuergesetz, Verlag Dr. Otto Schmidt, 3. Auflage, Köln, 2015.

Vogel, Elmar: Anzahlung, in: Beck'sches Steuer- und Bilanzrechtslexikon, Beck, Edition 53, München, 2020.

Wenzel, Werner: 25 UStG, in: Kommentar zum Umsatzsteuergesetz, Rau/Dürrwächter/Flick/Geist, 190. Lieferung, Köln 2020.

Wolf, Cyrilla (UStG, 2020): § 25 UStG, in: BeckOK UStG, Weymüller, 26. Edition, 2020.

B. Internetquellen

Kaminski, Bert (Kostenaufschlagsmethode, 2016): ABC IntStR, Steuer Office Gold, https://htw-aalen.haufe-suite.de/search?p_p_id=leongsearchportlet_WAR_leongsearchportlet&p_p_lifecycle=1&p_p_state=normal&p_auth_secret=ZHDpRO-FlipNlP4vN2WsE3xfabPU%3D&javax.portlet.action=search&_leongshared_keywords=Kostenaufschlagsmethode, Zugriffsdatum: 06.01.2021.

o.V., Europäische Kommission: Vertragsverletzungsverfahren, https://ec.europa.eu/info/law/law-making-process/applying-eu-law/infringement-procedure_de, Zugriffsdatum: 12.11.2020.

o.V., Europäische Grundrechtecharta (bundesregierung.de), https://www.bundesregierung.de/breg-de/themen/europa/europaeische-grundrechtecharta-436114, Zugriffsdatum: 21.11.2020.

o.V., Margenbesteuerung - Glossar & Lexikon für Rechnungswesen (fibunet.de), https://www.fibunet.de/lexikon/margenbesteuerung, Zugriffsdatum: 28.11.2020.

o.V. (B2C, 2019): Business-to-Consumer (B2C), https://www.businessinsider.de/gruenderszene/lexikon/begriffe/business-to-consumer-b2c/, Zugriffsdatum: 31.01.2021.

o.V. (B2B): Definition: B2B, https://bwl-wissen.net/definition/b2b, Zugriffsdatum: 31.01.2021.

o.V. (ERP-System): Was ist ERP?, https://www.erp.com.de/, Zugriffsdatum: 15.01.2021.

o.V. (Weiße Einkünfte): Tax Academy – Online-Weiterbildungen im Bilanz- und Steuerrecht, https://www.tax-academy.de/lexikon/weisse-einkuenfte/, Zugriffsdatum: 28.01.2021.

o.V. (Intercompany-Abstimmung): Intercompany-Abstimmungen (SAP ICR), http://www.cytechs.de/de/produkte/sap-fi-intercompany-abstimmung.html, Zugriffsdatum: 04.04.2021.

Vertrag von Rom, EWG-Vertrag von 1957 https://eur-lex.europa.eu/legal-content/DE/TXT/?uri=LEGISSUM:xy0023, Zugriffsdatum: 13.03.2021.

Ward, Marcus (TOMS, 2018): VAT - Tour Operators' Margin Scheme (TOMS) A Brief Guide, https://www.marcusward.co/vat-tour-operators-margin-scheme-toms-a-brief-guide/#:~:text=The%20tour%20operators%E2%80%99%20margin%20scheme%20%28TOMS%29%20is%20a,travel%20supplies%20without%20businesses%20having%20to%20register%20, Zugriffsdatum: 28.11.2020.

C. Entscheidungen des Bundesfinanzhofes

BFH 18.03.1971	V R 101/67	BStBl II 1971, S. 518
BFH 20.11.1975	V R 138/73	BStBl. II 1976, S. 307
BFH 07.10.1999	V R 79, 80/89	BStBl II 2004, S. 308
BFH 05.12.2007	V R 26/06	DB 2008, S. 505-507
BFH 07.07.2011	V R 53/10	DB 2011, S. 2414-2417
BFH 15.09.2011	V R 36/09	BStBl. II 2012, S. 365
BFH 09.12.2010	V R 17/10	BStBl. II 2012, S. 53
BFH 21.11.2013	V R 11/11	BFHE 244, S. 111
BFH 20.03.2014	V R 25/11	BFHE 245, S. 286
BFH 13.12.2017	XI R 4/16	BStBl. II 2020, S. 823.
BFH 07.02.2018	XI R 7/16	UR 2018, S. 530
BFH 01.03.2018	V R 23/17	BStBl. II 2018, S. 503
BFH 13.12.2018	V R 52/17	BStBl. II 2019, S. 345
BFH 23.10.2019	XI R 17/19 (XI R 7/16)	BFHE 267, S. 154

D. Entscheidungen der Finanzgerichte

FG Hessen 06.04.2006	6 V 1776/05	www.juris.de.
FG Düsseldorf 19.01.2007	1 K 5925/04 U	EFG 2007, 717-719
FG Rheinland-Pfalz 07.08.2014	6 K 2092/13	MwStR 2015, S. 28-32

E. Entscheidungen des Europäischen Gerichtshofes

EuGH 27.10.1992	C-74/91 (Kommission/Deutschland)	www.juris.de
EuGH 13.10.2005	C-200/04 (IST)	www.juris.de

EuGH 06.10.2005	C-291/03 (MyTravel)	UR 2005, S.685
EuGH 09.12.2010	C-31/10, (Minerva Kulturreisen)	www.juris.de
EuGH 22.12.2010	C-277/09 (RBS Deutschland Holding)	www.juris.de
EuGH 26.10.2010	C-97/09 (Schmelz)	UR 2011, S. 32
EuGH 25.10.2012	C-557/11 (Kozak)	www.juris.de
EuGH 26.09.2013	C-189/11 (Kommission/Spanien)	www.juris.de
EuGH 08.02.2018	C-380/16 (Kommission/Deutschland)	www.juris.de
EuGH 19.12.2018	C-552/17 (Alpenchalets Resorts)	UR 2019, S. 72-75
EuGH 19.12.2018	C-422/17 (Skarpa Travel)	www.juris.de
EuGH 02.05.2019	C-265/18 (Jarmuškienė)	UR 2019, S. 511
EuGH 29.07.2019	C-388/18 (B (Chiffre d'affaires du revendeur de véhicules d'occasion))	www.juris.de
EuGH 27.01.2021	C-787/19 (Kommission/Österreich)	www.juris.de

F. Verwaltungsanweisungen

BMF-Schreiben vom 16.06.2009 - IV B 9 - S 7360/08/10001, BStBl. I 2009, S. 755

BMF-Schreiben vom 03.04.2012 - IV D 2 - S 7100/07/10027, BStBl. I 2012, S. 486.

BMF-Schreiben vom 30.11.2020, III C 2 - S 7419/19/10001:001, UR 2021, S. 88.

BMF-Schreiben vom 29.03.2021, III C 2 - S 7419/19/10002 :004, BStBl. I 2021, S. 250 (die Verlängerung der Nichtbeanstandungsregelung bis 31.12.2021 ist noch nicht veröffentlicht).